真心話暢活人生

一秒都不後悔的超強生存法則

堀江貴文／著
王韶瑜／譯

本音で生きる

一秒も後悔しない強い生き方

八方出版

前言

在受邀《真心話暢活人生》這本書名時，說實在真的讓我毫無頭緒。

真心話暢活人生。

倒不如說，我比較無法理解的是為什麼無法說出真心話？為什麼無法靠說真心話活下去？

「因為討厭失敗，所以不做。」

「因為到時候可能會被閒言閒語，所以不講。」

「因為不想被人討厭，所以不去吐槽。」

所以這些帶給你什麼好處了嗎？

相信各位都明白，世界上不是所有事物都能被劃分為「好，還是不好」以及「是0，還是1」。即使當下彼此的意見相歧，也不會就因此討厭對方，即使失敗了，也不代表未來會永遠失敗。

如果是這樣的話，先把想說的話說出來、把想做的事做完，不是更好嗎？

也有一種會擅自設限自己的人。

「因為沒時間，所以辦不到」、「因為我人在鄉下地方，所以辦不到」。

這些藉口也讓我百思不解。

智慧手機以及其他裝置已經相當發達的現在，一定會有行得通的方案。

做？還是不做？就只有這樣而已。

我希望你能回想一下高空彈跳。

雖然我們常會在電視上看到藝人崩潰地哭喊：「我不敢跳！真是討厭！」，但是我可以斬釘截鐵地告訴你，無論是誰都能玩高空彈跳。只須一躍而下就行了。

世界上有許多事都可以套用這個道理。只要想著「我做不到」，而一旦嘗試跳下去的話，任何人都可以通過跳來做到。倒不如說，少了生理上的恐懼，說不定比高空彈跳更輕而易舉。

我向來都很坦誠自己的想法。

有想做的事，我就會說自己想做，如果認為對方的想法有誤，我也會告訴他「我覺得並非如此」。我會入獄服刑，也是因為對自己沒做過的事拒絕承認

「是我做的」，雖然早已是陳年往事了。

或許這是一個很不明智的做法，但是我沒有什麼好後悔的。今後我也是完全不打算度過半調子的人生。

那麼，你是否有以真心話過活呢？

你是否勇於表達自己的想法，埋首投入自己打從心底想做的事，然後誠摯地面對自己的心呢？

每個人的時間都是有限的。

如果你對將來感到惶恐不安而退縮的話，最好停止敷衍了事的藉口，現在立刻起身行動，至少前進一步也好。

如果你想好好地用自己的雙腳開拓人生。

如果你不想把自己的人生決定權拱手讓人。

本書打算以淺顯易懂的方式，幫助你更輕易地跳起來。雖然我所說的幾乎都是再理所當然不過的事。

我只談論任何人都能做得到的事。只不過在大多數的情況下，做與不做產生的結果是不同的。

我會把高空彈跳的繩子交給你。之後要不要跳，決定權在你自己手上。

讀完本書，如果你察覺到了自己所需的東西，想必一定不會再需要本書。那就是本書期盼達到的終極目標。

然後，我也覺得沒有必要再寫這種書。

若本書多少能成為幫助你自己開拓未來的啟發，將是我的喜悅。

2015年11月　堀江貴文

【堀江貴文的真心話】

不過有時候我還是覺得，腦袋裡想著「不敢說出真心話」、「無法去做想做的事」的人「很噁心」。想說的話，說出來就好，想做的事，去做就好。如果是真的很想做或是被逼得走投無路之類的情況，他應該已經開始行動而不是正在閱讀本書才是。或許本書有些地方言之過火，會被認為多管閒事。反正迅速讀過、有所覺察後再丟掉本書，我認為是最為理想的。

目錄

序章

爲什麼無法以眞心話過活呢？

爲何不敢說出眞心話呢？

「我覺得主管的話很不講理，但是我又不敢勇於表達自己的意見，只是默默地遵守。」

「和朋友說話真的令我備感痛苦。同一個話題如果不假裝很 high 的話，感覺以後會被說閒話，不得已只好配合他。」

「我很想辭掉工作，可是找不到換工作的目標，所以遲遲無法把離職說出口。」

無論在社會、社群媒體、或是在我的電子報中的問與答專欄，總是充斥著這種不知道是諮詢還是發牢騷的煩惱。很顯然地在這個社會上，不敢說出想說的話，不敢做想做的事的人似乎多如山。然而，我卻無法理解這些人。

我完全不能明白，為什麼不敢把心裡所想的事情說出來呢？
不如說，我打從心底納悶「為什麼？明明說出來就好了！」
如果你翻開這本書，突然被我這麼一說，恐怕會大失所望。
但是，就算是只有像「我自己也不敢說真心話！」的人群聚一堂，也無法向前邁進。正因為是這樣的我，才敢這麼對你說。

▼從小我就不停地說眞心話

打從我小時候開始，無論是對父母或是朋友，總是說著自己想說的事。由於我的母親是一個會強逼別人接受她自己認為是好的事物的人，因此我們頻頻爆發激烈的衝突。我曾有過為了瑣碎小事與她發生爭執，在深夜被趕出家門的經驗。這個時候，我蹲坐在家附近的咖啡店前，路過的大學生還把我送到家門口。

只不過，被趕出家門，並沒有使我不再說想說的話。我會事先設法把我家後門的鎖打開，或是預先準備好可以從二樓窗戶偷偷溜走的梯子，我還是繼續說著自己想說的話。Livedoor 活力門事件的時候也是如此。我並沒有不說真心話，只在表面上採取值得讚賞的態度這個選項。

對我來說，不說真心話很噁心。其實我看那些不說真心話的人，也讓我作嘔。

把那股噁心感推到極致的，大概就是前 TBS 女主播小島慶子小姐著作的小說《わたしの神様》（暫譯：我的神）中所描寫的世界吧。這是一部描繪對外光鮮亮麗的電視台內部，女主播們展開錯綜複雜的人際關係的作品。嫉妒、互扯後腿、集體在人背後道人長短，讀著讀著真的變得很反胃。

由於是眾所嚮往的電視台主播的世界，劇情很灑狗血，從網路上流傳的牢騷為起始，那種不舒服感顯然正蔓延到職場、學校、和你我身邊。

為什麼不照實說出心中所想的事呢？無論是好是壞，只要你肯說，明明就可以那樣說的。

那麼，要怎麼做才能以真心話過活呢？

我認為有以下3個重點。

1.不找藉口

2.不要取得平衡

3.拋開「自我意識」與「自尊心」

我想再做進一步的說明。

說眞心話有何不妥？

原本說真心話，有何不妥呢？

是不是只要脫口說出想說的話，就會失去自己的棲身之處？如果是在職場上，就會被主管討厭而丟了工作？或是同事在暗中說自己的壞話，心裡很不舒服等等諸如此類的事情呢？

至今我從不認為說真心話有何不妥。我在拘留所被告知只要認罪就能獲得緩刑，但是因為我回答了自己心中所想的「沒做就是沒做」，而入獄服刑了。這只不過是「我沒說謊罷了」，我又沒做什麼壞事，雖然都是過去的事了。

當然我能夠辨別什麼事能說，什麼事不能說。

舉例來說，對於初次見面的人就算在心中覺得「他好醜」，我也不會說出口。私底下的往來，即便是去自己不太想去的地方，只要對方覺得開心，我就不會說「很無聊」，而是去努力享受。只要對方不做我討厭的事，我也不會回擊，也不會說沒必要說的話。

只要謹守最基本的禮儀底線，想說什麼就說什麼。

與其說「說真心話就會有不妙的事情發生」，倒不如說這是你一廂情願的想法吧？

▼堀江先生！在職場上不能說眞心話嗎？

「只要說真心話，人際關係就會變糟，也會在職場上無立足之地。」

有這種一廂情願想法的人，多如山。

沒那回事。在現在的日本，沒有任何一家公司會解僱只是說出真心話的員工。如果被同事說壞話的話，只要當面對他好好地說「請你不要說我的壞話」就好了。

然後這樣會為你帶來什麼實質上的傷害呢？

也有人說，一旦說了想說的話，「就會在職場上被孤立」。那又會有什麼問題呢？

想被認定為職場上的夥伴而融入現場，還是在職場上被孤立，這些都與工作扯不上關係。反倒是感情好到密不可分的小圈子讓我感覺很不舒服。所謂的職場，就是做好自己份內的工作。

如果你說主管說的話很不講理，就要明確指出什麼地方不講理。

雖然有一被主管唸就畏畏縮縮的人，但是被回嘴會感到麻煩的其實是主管。因為主管並不希望被更上級的主管認為自己有管理能力的問題，也不想被人知道自己沒有聲望，無法贏得下屬的信賴。近來，主管大概也考慮到如果被爆料到社群媒體，自己應該會陷入危險吧。

因此，如果有想對主管說的話，可以儘管說。如果是在意面子的主管，說不定會為了要避開下屬的頂撞而變得溫柔。以經營者的立場來看雖然是件麻煩事，但因為員工說了想說的話就炒他魷魚這種事，在日本社會是很困難的。

我在經營 Livedoor 的時候，覺得職場氣氛這類事情「與自己無關」。

雖然這可能與我是創業老闆有絕對的關係，但就算有人反覆做著毫無意義的工作，只要工作有成果就沒問題，我完全沒想過要與那種麻煩事扯上關係。就是這樣。

我認為職場關係處於「半乾（semi-dry）」的狀態為佳。**工作時為對方盡心盡力，但是又保持一個不彼此依靠的距離最為理想。**老實說家族式的經營，讓我覺得很不舒服。

就算提出「公司全體上下齊心，擁有共同意識一起工作」的要求，一旦事情變得複雜就無法理解的人大有人在。我認為即使方向不同，只要能確實獲得成果，就無所謂。

說人壞話與排擠他人，完全偏離了工作的目的。如果真是那樣，忽略他們就行了。即便主管不講理，若按照他所說的做可以得到結果也好，如果是因為不講理的主管的錯，導致事情無法順利進展，就應該要好好說清楚。遲疑不決反而比較奇怪。

那麼，作為一名主管該如何是好呢？如果下屬提出的意見合理，採取他的意見就好，但是迎合下屬是錯誤的。所謂的事物，若未出現志在推動的決定者，將寸步難行。無論是社會或政治，都是相同的道理。議論很重要，若有必要應該要做得徹底，但是要一直等到全體認同，是不會有任何生產的。

我的結論就是，如果真有想說的話，說出來就好。就算吵起來也無妨。這麼做反而得以了解對方的想法，說不定相互理解的日子將會到來。

爭論的開端，多半都是雞毛蒜皮的小事。你因為「被對方忽略」而感到忿忿不平，卻很有可能單純只是對方並未發現，或是誤解了無心的一句話。

可是，在電子郵件中爭吵，是很不好的。至少也要面對面與對方議論。唯有此點，最好是遵守比較好。

▼比起《ONEPIECE》——航海王般的同伴關係，不如各自獨立的夥伴關係

我不太能理解漫畫《ONEPIECE》（航海王）的樂趣在哪裡。

主角魯夫立志成為航海王的故事很有意思。只不過與同伴的團結感是最重要的這種價值觀，讓我無論如何都無法接受。

尋寶應該才是目的，卻在不知不覺中變成與同伴們的團結感才是目的。光以「那個傢伙是同伴」為由，而永無止境地與陷入低潮、失去幹勁的同伴牽扯在一起……。

這種彼此依偎取暖的關係，實在是讓我感覺很不舒服。

雖然我認為無論什麼時候，「為對方盡心盡力」固然重要，但是與「緊密關係」的意思不同。**並不是爲了使關係變得緊密才給予，而是有目的的人們爲了達成目標而彼此給予對方。**

我們並非要去依靠誰，而是要用自己的雙腳站穩立足。那些人會為了目標串聯在一起。對我而言，不黏膩又帶點乾澀的關係相當舒適。

也有重視如家人般舒適關係的經營者，饒了我吧！雖然我會想與擁有共同目標的同伴一起工作，但並不代表我做其他事情的時候也想與他們在一起。我在擔任總經理的時候曾經參加過公司內部的飲酒會，那只不過是在「奉陪」的範圍內。

以前在剛創業的時期，會有渴望黏膩關係的員工，最後讓我很為難。「我很困擾，請想個辦法呀，堀江先生！」，他們總是靠過來，彷彿我是他們的父親似的。他們的目的大概是要製造感覺舒服的關係，然而我卻是為了實現自己想做的事而工作的，價值觀當然不可能契合。

無論如何，在身處困境的時候，當然可以找人諮詢，尋求協助。在總是靠過來的人群中，也有自己只顧單方接受，卻絲毫不願付出的人。那樣做還去依靠別人的人，我會一把推開他們。但如果是我很鍾意的女生來拜託我，可能就另當別論了。

自立自強的人們為了實現目的，會攜手為對方盡心盡力。這種態度在Livedoor的時候以及現在我經營的沙龍都不會改變。

《ONEPIECE》的世界觀，是從被動的人到不肯為別人盡心盡力的人都以「因為是同伴」為由，而想要幫助對方。至少我看起來是如此。就算被那種人討厭，我也一點都無所謂。

況且，就是因為我的態度分明，現在才會有想一起工作的人，以及想成為同伴的人自然而然聚集到我身邊。

▼「別管」他人閒事

你是否連在一起無法感到開心的人都想討好呢？

比方說剛才在《わたしの神様》一書登場的人物們，嫉妒、吃醋，還幹盡了無聊又低級的事。應該沒有人會想跟那些人當好朋友吧？

別人的事，置之不理就好了。

你是否已經讀過暢銷書《被討厭的勇氣》（岸見一郎、古賀史健著作）？這本書雖然是向大眾讀者介紹阿德勒心理學的書，不過在人際關係上的描述，也有優秀敏銳的洞察力。

舉例來說，

「停止『滿足他人期待』般的生活方式」、
「區分自己與他人的課題」。

別人如何看待你，不是你自己的問題，是對方的問題。
別人要討厭誰，在想什麼，都與你的人生毫不相干。
儘早察覺到這點，然後「置之不理」。
與「對方是怎麼看我的？」扯上關係而輕忽了自己的人生，著實可惜。

▼議論保持平行線就好

話雖如此，日本人有避免議論的傾向，喔不，是所有人都得持相同意見的強迫觀念，究竟是怎麼一回事呢？

至今我已和各界人士對談過。其中有意見不合的人，也有議論有著天壤之別的人。

比方說，瀨戶內寂聽女士[1]。

瀨戶內女士與我在工作方式與生死觀方面擁有不少共通點，我相當欽佩她已過90歲的高齡，還有從京都到東京當天來回出差的充沛活力，但是我與她在核能發電的議論上，完全是兩條平行線（本次對談收錄於《死ぬってどういうことですか？》〔暫譯：死亡，究竟是怎麼一回事？〕）。

我的看法是應該先認同核能發電的存在，再做出更好的選擇。我主張如果不讓核能發電運作，火力發電所引起的空氣汙染將更趨嚴重，硬是要省電的話，中暑死亡的人數恐怕會增加。如果經濟變差，自殺率攀升，不幸的人也會相對增加。

與我的主張持相反意見的瀨戶內女士則是主張「生命比生活水準更為重

要」，所以我們的議論不可能會一致。但是我不會只是因為議論的意見相左，就減少對瀨戶內女士的敬意。

「理解彼此的價值觀不同」，極爲重要。裝出似懂非懂的樣子結束，和即便與自己的價值觀相左，仍會仔細聆聽對方的意見，兩者中哪一方才算是「認識對方」呢？

就算未能成為正經的議論而單單演變成吵架的地步，我也不認為與人議論是毫無意義的事。我不會以意見不合為由去討厭那個人。意見不合與討厭對方，原本就是兩回事。

1　佛教天台宗的僧侶，也是一位知名文學作家。

因此除了與人對談，我也積極在社群媒體與人產生摩擦。這並不是因為討厭那個人，或是為了否定他的人格。這是因為意見相左的人們，會相互摩擦出新的火花。

不過，覺得「如果議論不一致就沒有意義」、「意見不同＝是不是討厭對方啊？」的人還真多啊。

「We agree to disagree」（我們同意彼此意見不同）就可以了。明白「彼此的價值觀與意見的不同」，是很重要的事。

然而，想待在小圈子裡的人，不會表達自己的意見，而是察言觀色，配合大家。

如果有意見相左的人在，就會竭盡所能把他從自己的圈子排擠掉。只不過是意見相左，就激動地全盤否定對方的人格、人性，甚至生活方式。即使是知名人物，也會因為不想失去支持者與粉絲，而努力不去發表會違背貼在自己身上標籤的意見。這樣的人，不在少數。

為什麼要用那種數位化的方式思考事情呢？人是由色彩豐富的漸層所構成，原本就不是能被分割成黑與白的數位般的存在。

在意周遭的「氛圍」與同儕壓力，也是無可奈何。對你施加同儕壓力的傢伙固然噁心，但因此在意而與對方同調起來也一樣令人作嘔。

雖說被小圈子的成員討厭，但是會讓你感到恐懼的真實危害並不存在。

序章的關鍵字

「別管」他人閒事！

第1章

停止找藉口

停止找藉口

為了真心話暢活人生，當務之急，就是「停止找藉口」。

包括電子報在內，有許多人來找我諮詢，然而就算是我特地回答他們，往往得到的是「可是因為〇〇，所以辦不到」的答案。

難道他們沒有察覺到自己口中的「可是」，讓自己很礙手礙腳嗎？

其中，應該現在立刻停止的是這類藉口：

- 因為我沒錢
- 因為我沒時間
- 因為我是普通人、因為我沒有天份

・因為我不知道方法

▼「我沒錢」這種藉口毫無意義

「因為我沒錢，所以沒辦法做○○」，真的是我很常聽到的藉口。

如果辭掉現在的公司就會失去收入，所以無法辭職。如果離開現在居住的地方就會沒有工作，所以離不開。我想創業，可是因為沒錢，所以沒辦法……。

各位究竟是有多麼地愛錢啊？

我常遭受有如「拜金主義的化身」般的待遇，從這樣的我的角度來看，社會上的人們更是被金錢束縛著。

日本人從小開始，就被灌輸「做什麼事都需要錢，所以要腳踏實地存錢」的觀念長大。存錢被說得好像是一種美德，但是從相反的角度來看，就是我們被灌輸了只要沒錢就萬萬不能的意識。

會那樣想的人，是因為沒有理解到金錢的本質的緣故。

金錢原本不過是為了交換彼此價值的工具，並非金錢本身具有價值。

在進行以物易物交易的時候，有確認對方擁有的物品是否為自己想要的必要。因此必須密集溝通，以確定擁有自己想要的東西的對方，是否為值得信賴的人。

畢竟，交易的價值在「信用」。交易對象至今是否都承諾他自己的約定？是否對周遭的人坦誠以對？那樣累積下來的信用，愈是有信用的人，就愈能進行大型交易。

金錢，是把信用這個複雜的存在化為單純數值的工具。一方面它是代表信用，但並不代表信用本身。我已經重複說過很多次了，重點在信用，不在金錢。

如果你能充分理解這個道理，就會開始明白「因為我沒錢，所以沒辦法做〇〇」並不能構成理由。金錢雖然是一個很方便的工具，但是即使你沒錢，也會有許多辦法。

如果沒有去餐廳用餐的錢，可以讓認識的朋友請客。朋友們也可以各自帶來便宜的食材舉辦火鍋派對。

沒有創業的錢，甚至連銀行也不肯借錢給你的話，可以向父母和朋友借。連這樣都辦不到的人，你所欠缺的不是金錢，而是你的信用。

因此，首先你該存的不是金錢，而是信用。如果有人找你幫忙就儘量努力符合他的期待；或是可以請缺錢的朋友吃飯等等。那樣累積下來的行為就能建立起你的信用（更何況從前創業的金錢門檻，如今已經大幅降低了！）。

▼只要有幹勁，與金錢無關

即使手邊沒錢，只要有幹勁，什麼事都辦得到。我認為那是不分領域的。以往被認為非得要有錢才可能辦得到的領域，也出現了接受嶄新挑戰的人。

例如，在大學的基礎研究。

在某種程度上看起來是可以實現目標的應用研究，以及如同能源涉及到國家戰略的研究領域，都會獲得大筆預算，透過產學合作，使計畫得以進行。

不過，現在無法立即知道能派上什麼用場的基礎研究，不易獲得國家的預算。即使研究者滿腔熱忱，得不到預算就無法進行研究。再者，從另一方面看來，在大學的研究室存在著阻力，有時會無法如願進行自己的研究。

打破那種刻板印象的人，是水熊蟲研究家堀川大樹先生。

水熊蟲是一種大小約0.05～1.7㎜的微小生物。雖然長得像塵蟎（看你怎麼看牠，如同其名，看起來也像熊），卻與昆蟲和蜘蛛類的節肢動物截然不同，是屬於緩步動物門的生物。除了可以忍受高劑量的輻射，也能在極度低溫的乾燥狀態下繼續存活，雖然具備了驚奇的特徵，牠的生態卻仍留下許多謎團。

深深為水熊蟲著迷的堀川先生，持續在NASA、法國國家醫療衛生研究院、以及巴黎第五大學等機構進行研究。之後離開學術界的他，並未依賴國家和企業的研究經費，而是選擇靠自己的雙手賺取研究資金。他推出滿載最新科學話題的付費電子報、水熊蟲的LINE貼圖、水熊蟲的觀察組等五花八門的內容，努力營造一個可以自由研究的環境。

他是真的有想從事的研究，並且把他的研究內容的魅力傳達給粉絲，因此才能以自由的身分進行研究。

我希望還在自以為沒有得到國家和企業的贊助，就無法進行基礎研究的研究人員拋開這種刻板印象。現在已經能夠從多數不特定的管道募集投資經費，也能透過群眾募資的方式募集研究經費了。

▼要有多少錢才能開始？

而且我們不能忘記現在的日本從金錢層面來看，在全世界已經算是相當幸運的了。餐廳和便利商店，都在招募時薪高的打工職缺。黑心企業與黑心打工的殘酷工作雖然蔚為話題，但也正因為如此，以廉價時薪強迫員工做苛刻工作的企業，如果不提高時薪改善待遇，就會找不到打工的員工。

有不計其數、不用把事情想得太難的賺錢手段。最糟糕的情況，也有接受生活保護的辦法。

只不過，口中聲稱「因為沒錢，所以辦不到」的人，究竟需要多少錢才能做自己想做的事呢？一百萬日圓？一千萬日圓？一億日圓？結果到最後並不在錢的問題，不是嗎？

▼「因爲沒時間，所以辦不到」不過是選擇維持現況而已

這也是相當多人會說的話。

首先，時間對每個人都是平等的。當然沒有成功的人有時間，不會成功的人沒時間這回事。

會說「沒時間」，意思應該是「一旦開始，就必須停掉現在正在進行的事，我辦不到」吧。

只不過，社會是需要付出代價的。如果沒時間，就必須選邊站。倒不如說，你要先明白「如果要有所開始，就必須有所捨棄」是天經地義的事。

還有一點，就是說不定會有「從早忙到晚，都不能好好地睡個覺！」而發怒的人。

那種忙碌是騙人的。

只要被別人要求，就毫無抗拒地拱手交出自己的時間，或許就會讓你感到忙碌。

況且，若是原本就厭惡那樣的情況，你為什麼不做改變呢？

我的結論是，就算心生不滿，但是維持現狀對那個人來說較為「輕鬆」，所以才會那麼做而已。被這麼說的本人雖然無可奈何，但是人類採取的合理行為，其實超乎了自己的想像。沒錯，就是不知不覺在權衡輕重下選擇了「現狀」。

儘管稱不上是滿足，但又還未不滿到要改變行為的程度，甚至還有時間想些無關緊要的事情（喔不，如果有時間，就找不到不開始做事情的藉口，恐怕只是裝出好像很忙的樣子）。

然後，這麼做值得嗎？什麼才是幸福？什麼才叫做努力？等等對自己毫無助益的事在腦中盤旋不去，佔盡時間。但是論誰的心中應該都明白，那裡什麼事都不會發生。

如果把能讓你廢寢忘食的工作與玩樂填滿自己的時間，用自己的腦袋好好地思考，應該就不會為那種抽象的問與答煩惱。

可是也有一種情況，就是透過充分利用有限的時間，就能做更多的事情。

我想在第4章為各位介紹。

▼在脫口而出「我沒有天份」、「因爲我是普通人，所以辦不到」的當下，就等於是在說「維持現況就好」

也有嘴上掛著「我沒有天份」、「因為我是普通人」然後就不付諸行動的人。

確實，有些領域跟天份或許是有關的。

然而，不論是在哪方面有成就的人，都與他個人的努力脫不開關係。

首先，要說我真有那樣的天份嗎？我並不認為自己有過人之處。

但是我比別人付出了加倍的努力。例如稍後將為各位介紹，我蒐集到一個資訊所接觸到的資訊量與別人有一位數之差。為了用最短的距離達到目標，我也毫不怠慢做每日的改善。

據說棒球選手鈴木一朗也是從小學三年級開始一年360天的練習，至今仍努力保持自己的最佳狀態。但是只要看當初進入職棒界的鈴木一朗，就知道他是在選拔會被歐力士藍浪隊以第四指名選中的，他在當時的選手當中，並不是一個出眾顯眼的選手。

多數人只看「結果」，就說「那個人是天才」、「那傢伙有天份」，像這樣努力不懈而獲得優秀成果的人不在少數。

最後就是在脫口說出「因為我是普通人」的當下，就等於是在說「自己維持現況就好」和「我不想努力」。

無論如何，我認為至少應該先努力過後再說才是。

若要再進一步說，**自己到底有沒有天份，不去做就不會知道，不是嗎？**

究竟有多少不去做，卻聲稱「自己沒天份」，而打從一開始就放棄的人？

無論是否擁有天份還是資質，都要嘗試過才知道。做之前就認為「自己沒天份」、「沒資質」，簡直就是天大的誤會。

▼本來就沒有「方法」

我經常收到「我想做〇〇，卻不知道方法。請問該如何是好？」的提問。只要在網路上搜尋，就會有很多「方法」跑出來。從創業方法到彈吉他的方法，應有盡有。

到頭來，如果你心中有「想做」的念頭，自然而然就會找到很多「方法」。這與明天如果想去看電影，可以在電影院的網站確認上映時間後再前往，是同樣的道理。

「因為我不知道方法，所以辦不到」這種話，應該先查詢過再說才是。

原本我就不認為有「方法」存在，**全都是從「嘗試與錯誤」得來的。**為了獲得事業上的成功，唯有持之以恆逐次嘗試你想得到的事情。

我也曾嘗試過無數的商業點子，只留下進展順利的東西。透過反覆不斷的「嘗試與錯誤」後，才命中了幾個事業。

最後，我認為關鍵不在方法或判別能力，而是在「能夠持續嘗試與錯誤多久」。

大致上，會說「因為我不知道方法，所以辦不到」的人，就會來問我「有沒有做那件事情的訣竅呢？」。

坦白說，沒有那種東西。

唯有努力，努力，再努力。

我也只是做大家都會做的事。

但是我會為了能稍微改善明天而優化工作、持之以恆地努力下去。我只能告訴你，如果想要凌駕於我之上，請付出比我還多的努力。幾乎沒有什麼事情是只有我才辦得到的。不管怎樣，我的做法可是相當粗俗喔！

▼不能認爲「自己什麼事都辦不到」

「我無論是學習還是運動，都找不到優點，做什麼事都無法持之以恆。」

如果你那麼想，你要做的不是既不擅長又不喜愛的事情，而是要在別的事情上努力。

說自己沒有優點的人，只是視野狹隘而已。究竟真的有一無是處的人嗎？就算不擅長學習或運動，若是給人印象感覺良好，或許就能提供良好的客戶服務。

再者，無論是做什麼事都無法持久而感到厭煩，反過來說，就是不被單一事情所束縛，能夠挑戰各種事物的優點。我自己本身，如果試過了卻感受不到效果，就會馬上失去耐性。因此，我努力地保持靈活彈性，不斷地在同時間進行自己感興趣的事。

「我又胖又醜，現實生活無法過得充實」、「個子矮，讓我感到自卑」。

別為那樣的事情煩惱，你只要快速地讓自己的生活過得充實就好。如果肥胖，攝取低碳水化合物的飲食，做肌肉訓練，以及每天30分鐘以上的有氧運動，都能快速地瘦下來。只要在網路查詢訓練方法，就會出現很多方法，若想有效改造身體，去有教練指導的健身房就好。或者你也可以買雜誌參考或拜託友人協助衣服的穿搭。去美髮沙龍整理頭髮，留意自己的整潔與氣味。外型的改變，周遭的眼光也會隨之改變，可以幫助你建立起自信，開始受異性的歡迎。

「只要顧慮到風險，就辦不到」的事實

▼如果真正想做，就不會顧慮到「風險」

「我想離職，但是因為下一個工作還沒決定好，所以不敢。」
「因為我有家庭，所以不敢創業。」
思考這些風險而「不做」的人是不是隨處可見呢？

如果無論如何就是討厭公司或是學校的話，只要逃離那裡不就得了。

我因為 Livedoor 事件被判有罪，入獄服刑時，被限制了自由。監獄裡有

我不想打交道的人，也有不想做的作業，然而逃離是不被允許的。

假使你身處在一個艱難的狀況，那是一個如同監獄一般真的逃也逃不了的狀況嗎？離職到底受到了什麼樣的制約約束？

我的結論就是，口口聲聲說「我想離職」卻不辭掉工作的人，說穿了就是根本不想離職。

只不過，這些人會尋求能夠敷衍當下狀況的對症療法，然後持續終生。他們就像對高空彈跳踟躇不前一樣。如果跳下去，說不定會發生什麼變化呢。

為什麼會想要「敷衍了事」？在他們心中，一定是在想「不想改變」、「不想離職」。明明不想改變，卻又想要改變，未免也太自私了。我再次重申，這個社會往往是需要付出代價的。沒有那麼好康的事。

其實要讓不想離職的人辭掉工作，就像去追求一個毫無指望的女生一樣難。這與被說「討厭就是討厭」和「生理上就是討厭」一樣，真是莫名其妙。

我經常收到這種諮詢，我認為去接受那種人的諮詢，只是在浪費時間。

反過來說，如果是真有想做的事的人，要說服他很容易。

好比我為了進行火箭事業，挖角了很多優秀的工程師。其中有永無止盡地想著「我能夠靠火箭的工作餬口嗎？」或是「這樣是不是會造成現在職場的困擾呢？」等無關緊要的事而遲遲無法下定決心的人。他們是真心想要從事製作火箭的工作。

以戀愛來說，就像是追求已經對自己有意思的女生一樣。女生在被追求的時候，聽說會想要有一個藉口，工作也不例外。我會找正在等待被說服的工程師攀談「人生很短暫喔！去做想做的事情不是很好嗎？」。我只是給他一個「Horiemon[1]都說服我好多次了」的藉口，讓他有「如果是那樣也沒辦法」的心情而已，一點都不難。

會覺得「因為有風險，所以辦不到」的事，想必是「沒有做的必要的事」。如果你的幹勁還不到能捨棄自己現有事物的話，結果就是這麼一回事吧。

若是這樣，就不要抱怨，維持現狀就好。

你要「放手去做」，還是「維持現狀」？

你真正想選擇的，是哪一個呢？

1 因為作者神似哆啦A夢而被取的暱稱。

不去想「辦不到的理由」

只要這樣看下去，就會明白「藉口」有多麼沒意義。

用獨斷又自以為的想法，停下自己的腳步。

如果只會找藉口而不想改變自己的人生，要一直那樣下去也不成問題。

愈閒的人，真的愈會找盡「辦不到的理由」，然後什麼都不做。

但是，會成功的人是「做」還是「不做」，如此而已。

▼不去試試看，就無法培養出「自信」

「沒自信」，也是相同的。

要說為什麼會沒自信，只能說是經驗不足。

因為沒做過而滿懷不安，不敢跨越出去，無法累積經驗。由於沒自信，只好拼命找盡各種藉口，保護自己小小的自尊心。會找藉口的人，就會陷入這種惡性循環。

沒有業務經驗的人，在第一次做業務時，當然會感到不安。只要能設法賣掉一個東西，就會產生自信。如果有自信，就不會心生嫉妒，即便感覺自己輸給別人，也會開始動腦筋思考要怎麼做才能致勝。

不只限於工作，人際關係和任何事情，都沒有例外。

如果嘗試與異性說話，能夠成功順利溝通的話，就不會對踏出戀愛一步產生極端的恐懼。自己若能率先發起活動，下次類似同樣的活動就能毫不費力地進行。

對於做一次就成功的事，人會產生自信，變得願意面對挑戰。

當然有時候也是有可能以嚴重的失敗收場，但是不做就不會知道。

或許有人會說「我以前沒有累積經驗的機會」，但是機會在你眼前比比皆是。

對於不擅長溝通的人來說，或許連下定決心找眼前的人說話都是一項挑戰，那樣的機會多不勝數。

機會，人人平等。差別只在你願不願意往前邁進。

就算是從瑣碎的事情開始也好，經常給自己小小的挑戰，一點一滴累積成功的經驗。凡事皆與能妥善處理事情的人做比較而感到沮喪，是毫無意義的。**你應該比較的，是過去的自己。**如果能親身感受到自己的成長，就會培養出自信。如果你不放棄，繼續累積成功經驗，有朝一日突然茁壯成長的日子必將到來。

▼靠「藉口」保護自己的人們

結果，只會找藉口卻無所作為的人「很閒」。

但是對那個人來說，這是很合理的行為。因為經驗不足就說自己沒自信，為了捍衛自尊、不想改變現況而製造藉口。

巧妙一語道破這類現象的，是我稍早介紹過的《被討厭的勇氣》。在《被討厭的勇氣》一書中，有一段一名長年把自己關在房間內足不出戶的男性的插曲。他希望能夠出門，也想工作，但是只要一想踏出房門，就會感到不安，手腳發抖。

通常大家往往易有「變成繭居族的原因」，導致「出不了門的結果」的想法，但是阿德勒心理學則是對「原因」，也就是藉口，一概不予認同，認為是先有「不想出門」的目的，因此「建立起不安的情感」。

●一般的想法與阿德勒心理學●

〈一般的想法〉

變成繭居族的理由

變成出不了門的結果

〈阿德勒心理學〉

不想出門的目的

建立起不安的情感

簡而言之，就是準備好辦不到的藉口，讓自己不會受傷就了事。

或許有人不太能接受阿德勒心理學的想法，但我卻十分認同。

在我自己的沙龍，我會對會員說「試試看這樣的企劃，不是很有趣嗎？」，然後推他們一把。當中也有人被賦予了這樣的機會，卻無論如何都無法跨出一步。他們會說自己沒本事，找盡藉口。

做至今未曾做過的事情，就如同跳高空彈跳一樣。跳高空彈跳，完全不需要任何特別的能力。只要綁好繩索，一躍而下而已。儘管那樣，卻因為恐懼哭了出來。

雖然我不知道究竟是過去的陰影還是自尊心作祟，難得的機會擺在眼前，卻畏縮不前，我實在無法理解。

此外，雖說我會讓沙龍的會員們接受挑戰，但絕非是開不可能的玩笑。現在就算要做些什麼，也有各種多樣化的選擇，在我的沙龍裡，優秀人才輩出。

借助別人的力量挑戰，究竟會冒著什麼程度的風險呢？

由於我幫他們繫緊了高空彈跳用的繩索，縱使一躍而下，也不會喪命。依我看來，我的心情也會變成「我都已經幫你鋪好路到這個地步了，你卻放棄。隨便你！」。無論做了多麼萬全的準備，人還是會馬上找盡各種藉口放棄。實在有夠可惜！

我在本章的結尾告訴各位。

你只要戒掉找藉口，真的就會倍感舒暢。

身體會迅速開始動起來。

唯有這點，我希望你立刻做做看。

第 1 章的關鍵字

找尋「辦不到的理由」，
究竟有何益處？

第2章

不要取得平衡！

為第二個「真心話暢活人生」沒必要做的事，就是「取得平衡」。

▼不必取得平衡也沒問題

「我想全力以赴做值得的工作」，卻又「想要有閒暇的時間多多陪伴家人」。「花在個人嗜好上的時間不想比現在更少」，卻又「想要有更多的收入」。

許多人太急著想要取得「平衡」。

但是我認為這樣有點奸詐。

無論工作、家庭、或者是嗜好都只想佔便宜，說想要有一個平衡的生活，同時又想善用時間、想過充滿挑戰的人生、不想煩惱人際關係……。

我坦白告訴你，要取得平衡，是不可能的。

首先，在保持平衡的狀態下，根本無法去從事新事物。不改變現狀，只想佔便宜，是辦不到的。

如果想要體會令人歡欣雀躍的體驗，就必須付出你的時間，也會有失敗的風險。凡事都要付出代價，沒有例外。

我在創設公司的時候，一直埋首於工作。在這段草創時期，我除了睡覺的時間以外（我有確保充分的睡眠時間），不斷地思考事業，家也沒回，連與家人相處的時間都沒有。雖然最後我與當時的家人分道揚鑣了，但是在工作方面，我在海外設立了子公司，日子過得相當充實。

如果不那樣貫徹到底，就沒辦法做想做的事。不然就算是想在週六和週日工作，還是會因為「要陪伴家人……」而半途而廢。

因為這是我自己本身的例子，所以才舉了工作為例，全身心投入的不論是工作或嗜好，都無所謂。

所謂度過刺激的人生，意指要有所犧牲，熱衷於某事。雖然「不想改變現在的自己」，但是「耍點小手段」，就「想過刺激的人生」，太自以為是了。

如果真的有想做的事，不必取得平衡也沒問題。極端也無妨。

▼爲了專心致志所必要的事

或許也有人會反駁「老是把重點放在工作上，在過勞死前『工作與生活的平衡』才重要！」。

不過，一直抱怨公司是黑心企業卻不肯辭職的人，是否只是覺得工作很無聊而已呢？厭煩地做著別人交代的工作，因為不會積極主動去做，因此無法全心投入。

若真如此，首先你要做的是找出目前工作的樂趣所在。試著依照自己的方式，努力改善工作。如果你是業務，就嘗試努力提升自己的業績。只要這麼做，工作也會變得有趣，讓你樂於埋首其中。

話雖如此，工作到過勞死簡直是無稽之談。當你感到疲憊不堪的時候，不必去在意主管與同事的目光，儘快回家休息就好。

很在意主管與同事的目光而不敢回家？別在那裡亂扯一堆，回家就是了。在不斷重複的過程中，自然而然就會被大家認為「那個傢伙就是那副德性」，變得什麼都不說。

▼穩定的工作與人際關係並不存在

為什麼有這麼多人想取得平衡呢？

或許是因為害怕放下現有的穩定吧？

大家是不是開始稍微察覺到了呢？在這個世界上，穩定的工作與人際關係並不存在。

任職於公司。

有家庭。

有婚姻關係。

你真的認為這些關係都是穩定的嗎？

就算是大企業，因為公司破產而被裁員的風險也正在攀升。繼續拖拖拉拉地在公司工作，到了40、50歲，突然被炒魷魚實在是相當悲慘。這可以說是以前沒有風險的這件事情本身，成為風險的一個經典案例。

相同的事情，也適用於家庭與結婚等人際關係。

在狹義的意思上，我並不想擁有家庭，我反倒認為這是一個風險（所謂狹義的定義，意指現有制度上的「家庭」）。我認為在如此富足的社會，把關係穩定下來比較有風險。

即便是離婚，我直截了當地說，現在約有半數的結婚伴侶不是也都想離婚嗎？是不是這正是在制度以及心情等各方面上很辛苦，所以才讓大家猶豫不決？

雖然我離過婚，但那只是離別又不是死別。

或許這麼說，會有人認為我是一個冷淡的人。

但是我想在這裡問你，你記得前任女友（前任男友）多少事呢？就算有一段時期彼此相當恩愛，大多數人總有一天會淡忘。應該沒有被對方指責「為什麼你忘記了？你真的很過分！」的理由吧？

一那麼想，我也覺得「親情」之類的關係也像是一廂情願的想法。是不是也有因為大家都說「沒有親情是不行的喔！」，所以才開始產生這種想法的人？

家庭與結婚，可以說並不是「穩定」的關係。

▼如果「孤獨就是不安」，就不該依賴婚姻

有人以「孤獨就是不安」為由而結婚創造家庭，我簡直不敢相信。為什麼會相信婚姻關係是天長地久、永久穩定的呢？

會害怕未來的孤獨而結婚的人，到了60歲如果陷入離婚的困境，會立刻呆掉吧？

如果孤獨就是不安，把自己的人生交託給唯獨不知能持續多久的人際關

係，風險要大得多。相較之下，利用Facebook等社群媒體拓展人際關係，應該更能規避風險。

大致上，只要去追求人際關係與職場的「穩定」，人就會開始變糟糕。在惰性驅使延續家庭關係的過程，緊張關係就會日漸瓦解，也就不會顧慮到衣著、化妝、體型和用字遣詞。

職場也不例外。認為做著同樣的工作，照樣能領到薪水的人，不可能從他身上獲得很棒的點子。

尋求穩定，就是風險。持續原地踏步，並不是維持同樣的狀態，而是退化。

只要這麼想，「一定要取得平衡」這個想法本身，反而才是風險。

跳脫0與1的思考框架

認定「一定要取得平衡」的人，是否太過拘泥於「0與1的思考」？

看待事物，彷彿只看得見「有」或「沒有」，「輸」或「贏」這般兩極化的事。

舉例來說，

- 在好公司工作，過穩定的生活

or

- 如果找不到工作，人生就完蛋了
- 結婚，建立幸福的家庭

or

・無法結婚，度過孤獨的人生

等等。

然而，現在的社會與人際關係既豐富又多彩。如果有想做的事，工作是派遣或打工也無所謂的人大有人在，也有半途獨立創業的人。儘管如此，為什麼非得堅持0與1的黑白世界呢？有淡灰色，也有濃灰色，也洋溢著綠色、藍色，與紅色的色彩。

世界絕對沒有像那種「選邊站」的東西存在。

以結婚育兒為例。

如我稍早所述，我自己在狹義的意義上並不想擁有家庭，也對夫婦伴隨終生不感興趣。

對此，或許會有人以「如果廢除婚姻制度，道德會崩壞使社會混亂不安！」，以及「如果婚姻制度不再，要怎麼養育孩子！」為由反駁，這就是0與1思考的典型樣板模式。

大家都沒看到最基本的本質。

人際關係並非以0與1測量，它是有階段性變化的。如同緊密關係的強度，會依對象不同發生變化。不能用婚姻、情人諸如此類的制度或言語表現所有關係。如果是那樣的話，「維持現狀」不就好了嗎？

現今，如果有走傳統婚姻制度同居並且順利走下去的人，也就會有像我一樣討厭羈絆的人。有些人喜歡分開住，有時碰面恰到好處，同時擁有幾位伴侶的關係也無妨，也會有只想在網路上與很多人保持輕鬆關係就好的人。

畢竟，關於人際關係，只須視當時需要調整就好。

就連求職，也可以這麼說。

在高度經濟成長期苦於人手不足的企業，欲以長期僱用的方式綁住勞工，不知不覺就穩定下來成為終身僱用。終身僱用只不過是施行了數十年的社會風氣，現在卻被大家視為理所當然。

如果毫無疑問地全盤接受過往的常識，就會無法跳脫「非〇〇不可」這種先入為主的觀念。它所帶來的結果，就是讓人去賣命取得「平衡」，想做的事也半途而廢，最後連身體也搞壞了。不要受限於這種先入為主的觀念比較好。

第 2 章的關鍵字

如果你有想做的事，極端點也無妨

第3章

無法以眞心話過活的理由在「自我意識」與「自尊心」

大家的自尊心都太強了

最後就是「自尊心」與「自我意識」了。

大家都自我感覺良好。

想辭掉大企業的工作卻辭不了的人，或是被裁員後，無法二度就業的前上班族不在少數。在日本，除了工作，也還有很多其他選擇。即便如此，遲遲無法付諸行動的原因，是否在他們有「辭掉大企業的工作，在小公司上班，簡直是不像話」、「打工或接受生活保護很丟臉」的想法呢？

就算是在公司以及夥伴圈內，也因為認為「討厭會被〇〇怎麼想」、「如果做了這種事，不知道會被說什麼」，導致想做的事做不了。

如果讓我來說，「不體面」以及「在意他人眼光」，全都是自我感覺良好。實際上，根本沒有人會那麼注意你，絕大多數人，對自己以外的事物絲毫不感興趣。

我也不例外。

由於我算是具有相當的知名度，走在路上總有不認識的人會對著我指指點點地說「是 Horiemon!」，或是「請與我合照」和「我想跟您握手」等等。

那麼，這些人是不是整日都在想我的事呢？沒那回事。

他們會在與朋友共進晚餐時，提到「今天我和 Horiemon 合照喔！」，然後得到對方「欸！」的回應，被視為新聞話題消費後結束。即便是美國總統或是任何名人，世間所給的關注也不過如此罷了。雖然偶爾會有像跟蹤狂般的人出現，你只要不予理會就好，就算引起跟蹤狂的興趣，也不是什麼值得開心的事。

我的結論就是，誰都不在乎別人的事。只不過，大多數人明明只是個無名小卒，卻自認受到社會的矚目。事實是連名人都沒人在關注。

若把話說得較為極端一點，就是連親子或是夫妻，都不會整天想著對方的事吧？有惦記著對方的時候，也有思索著對現在的自己而言必要的事的時候。這是無庸置疑的。

假設你已經死亡，如果是感情和睦的家人，他們或許會持續思念你一個月，不過之後回憶你的時間應該會日益減少。

但這並非什麼難過的事。對誰來說，都合情合理。

結果就是這麼一回事。正因為如此，**完全沒必要去在意實際上並不存在的「世俗社會」。**

日本的情況，是從孩子小的時候就開始強迫他們要孝順父母。因為孩子是被要求得聽從父母的話長大的，只要一被父母唸「你這樣很不體面」，就真的順從父母的話的人多得令人驚訝。

要工作嗎？辭掉大企業的工作然後改行？要創業？要結婚？在面臨人生抉擇之際，聽從父母的話做出決定，應該不是孝順父母的行為吧？總而言之，根本沒必要去意識著孝順父母之類的事而活。

假使不聽從在意顏面的父母的話，會帶來什麼不利的影響呢？

住在老家、臉上無光的啃老族，就算被父母罵「因為我不知道會被街坊鄰居說什麼，你趕快去哪裡工作」，也不是就非找工作不可。即使不心不甘情不願地去工作，也有網路或其他管道等等可以賺到很多錢的方法。

倒不如說，與父母當時的年代有巨幅改變的現在，就算聽從父母的話去找工作或結婚，也完全無法保證會凡事順遂。

▼沒有「自尊心」，比較受大家喜愛

雖然你有時會覺得辭掉工作很沒面子，或是換工作失敗搞得很難看，但其實誰都沒有把你的事放在心上。

所以，不要在意別人說的話。我時常想，就那種程度，到底有什麼好裝模作樣的呢？

儘管那樣，為什麼大家要如此防衛自我呢？保護應該也不會有好事才對。

特別是我覺得人一旦年紀增長，似乎就會兩極化分成自尊心過強、和自尊心消失殆盡兩種人。

連我自己都想朝著「沒有自尊心」的方向前進，現在已經逐漸開始失去自尊心了。

比如說，我很容易拉肚子，以前我會丟掉內褲，不穿內褲回家，也有過類似「要不半途在便利商店偷偷買條內褲穿吧」的想法，但是現在就算我和女性在一起，我也敢說「我今天沒穿內褲喔！」。

我上電視節目也是如此。以前我參加某個節目，曾與讀心師 DaiGo 先生對決過抽鬼牌的遊戲。一開始，無論我再怎麼努力掩飾表情，DaiGo 先生總是不斷命中。於是我改變戰術，決定對他滔滔不絕地說話。自己一邊「哇啊！」地吼叫，一邊胡鬧的模樣被播放出來，說不定觀眾覺得很滑稽。不過，我看了網路上的感想，發現好像贏得不少好感。

只要這樣拋開自尊心，就會養成一種慣性，逐漸朝沒有自尊心的方向前進。

另一方面，也有養成了強烈自尊心的人，自尊心進而變得愈來愈高、愈來愈高。

那樣就會變成很難搞的爺爺或奶奶。板起臉孔，一個人看起來很無聊，沒人前來搭話。我覺得「唉～真是可憐」。「明明只要拋開自尊心，就會樂得輕鬆」、「明明就不必在意那種事」。

人無論是誰都一樣。只要有小小的自尊心，身體就會被卡住而無法動彈。因為真的「沒人在看你」，所以無須在意，有想說的話就說，有想做的事就去做就好。

只要降低自尊心，凡事都將順遂。

或許也有人認為「只要我不體面，大家就不會跟隨我」、「這樣的收入無法見人」。

沒關係。

沒有「自尊心」，比較受大家喜愛。

毋庸置疑地，能讓人輕易靠過來。

反而是，心想「非得維持了不起的自己才行」或「如果被對方討厭該怎麼辦」這些事讓自尊心上漲，結果就是變得讓人難以靠近。各位不覺得就是如此嗎？

▼「恐怖的對象」，是自己的自尊心作祟

有時我們會對初次見面的對象感到害怕。

只要對方是一個了不起、或必須加以顧慮的人，就會心生恐懼，變得無法好好說話。

這也是「自尊心」作祟。

「如果給對方留下不好的印象怎麼辦？」、「如果被當成蠢蛋怎麼辦？」，那樣想就會變得開不了口。

這種事情也在我身上發生過。

比方說，堀北真希出現在我眼前的話，我能不能好好說話呢？這點我倒有點沒自信。當然我會努力，只是不知道能不能順利就是了。

只不過，想要贏得那樣的她的歡心而擺出戰鬥姿態戒備，是絕對不可行的。如果不卸下防備，展現「儘管來吧」的態度，話自然就說不出口。

別當「小聰明」

無法靠氣勢付諸行動的人，自尊心特別強。

「如果失敗了，被當作笨蛋該怎麼辦？」、「說出自己的想法，被對方反擊的話該怎麼辦？」。老是擔心那些事，在自己周遭築起一道名為「自尊心」的高牆，把自己關在裡面，保護脆弱的自己。

我先聲明，那樣做是幾乎不會有什麼斬獲的。

比方說，你想討異性的歡心時，就要拋開自尊心，卸下穿在自己身上的盔甲。

如果在場有美女、帥哥或名人，不知道為什麼他們周遭都會有一群想接近他們的人。然而大部分的人，都是穿上硬梆梆的盔甲，擺出戰鬥姿勢。

「不說機靈的話，就會被當成笨蛋」、「為了不要看起來很老土，行為舉止就得時髦點」、「為了讓人覺得我是個有趣的傢伙，得努力說笑話」。

如果周遭被穿著盔甲的傢伙們包圍，被包圍的對方也無法放輕鬆。如果有不造作、舉止態度自然的人在那種場合，對方就不會感到緊張。結果就是，我已經親眼目睹過無數次那種人帶走了精華的場面。

顧慮太多的人，總是錯失良機。邀約好不容易才結為朋友的他／她，卻擺起架子。

「如果我約對方吃飯，會不會被嫌煩啊？」、「如果對方覺得我很噁心，該怎麼辦？」。

好不容易總算是發出訊息邀約了，卻仍煩惱個不停。對方是很受歡迎的人，也許是因為忙碌而沒有回信或拒絕，就認定「對方沒答覆我，是不是因為討厭我的關係？」，永無止盡地煩惱下去。

不過，如果你在這時候還在想「他／她是不是對我敬而遠之？」、「我是不是被討厭了？」的話，在那個當下就出局了。

大多數的情況，純粹只是對方的行程滿檔而已。當然像是跟蹤狂一樣死纏爛打的另當別論外，稍微約吃飯的程度，一般人是不會覺得有多麻煩的。不要煩惱個不停，要盡一切方法想想會讓對方開心的事，邀約看看就好。

無論怎樣都行不通的話，就代表你們沒有緣分。只須趕快朝下一個目標前進就好。

如果被人討厭，恐怕「自尊心」會受傷。但是如果想和對方交往，不往前跨出一步，就什麼事都不會發生。

為了保護以往的自己而讓機會從手中溜走，真是太奇怪了。

▼沒有自尊心的笨蛋是最強大的

結果，比較沒有自尊心的笨蛋，得到的好處還不少。

比方說，有的人無論對方是名人或初次見面的人都敢上前攀談。旁人看來或許覺得「突然找那麼有名的人搭話，是不是笨蛋啊？」。但之後也會有剛好因緣際會而持續與那位名人來往的情況。

大部分的人，都覺得上前攀談只有被拒絕的份。一般來說，被拒絕是理所當然的，但是儘管如此，他們害怕的是被拒絕時，自己的自尊心會受傷。

只不過，愈是沒有自尊心，愈不會感到畏懼。他們會積極地上前攀談，實現自己的期望。

就連事業也是如此。有些人縱使並非特別優秀，又或是工作草率，卻還是能讓事業順利運轉。

或許有人聽到就連笨蛋都能讓事業順利運轉感到驚訝。不過，如果認為自己很笨，只要外包給聰明人不就解決了。

只要知道「自己是個笨蛋」，遇到不明白的事，就會毫不遲疑地請教他人。由於沒有羞於自己沒知識的奇怪自尊心，反而能善用聰明人迅速行動。

另一方面，做事半調子、有小聰明的人，連自己不擅長的事都想一手包辦。但是因為在工作方面贏不過聰明的人，自己在過得痛苦之餘，也就很難拿出什麼好成果。

明白「自己是個笨蛋」的人，很強大。

想想看，年紀比我大的上一代成功創業家們，脫離社會框架的人為數不少。

有人是老家赤貧如洗，有人沒有工作，有人則是社會上的少數族群。在那樣的困境中無法跟上社會主流，逼不得已創業的案例不在少數。軟銀的孫正義先生，就是屬於這類的創業家吧！

由於沒有其他選擇，所以拋開了奇怪的自尊心，也不會去想諸如實現的可能性等多餘的事，他們會卯足全力。由於一開始很少會一帆風順，會失敗好幾次，從失敗中學習就可以好轉。即使一開始做些胡亂草率的事，如果公司進入軌道，就會有聰明人進來公司，經營也將穩定下來。這就是過去企業家的成功模式。

要取得成功，不需要自尊心等等多餘的東西。反倒不如說，旁人因為太過強烈的自尊心全身動彈不得時，出現了許多「因為我沒有自尊心，結果反倒成功了」的事例。

做事半調子的小聰明，只顧胡思亂想，最終一事無成。最後，就是沒有聰明到會去「想」的笨蛋得到好處。就連笨蛋都能致勝。不，笨蛋才能獨佔鰲頭。

▼貓廣志爲什麼在柬埔寨跑步

大約在2009年的時候，我曾向搞笑藝人貓廣志提出建議。貓廣志因模仿貓而聲名大噪，隨後就銷聲匿跡。雖然他不斷地反覆摸索，卻諸事不順，正處於不知所措的煩惱時期。

我看到他實在是很苦惱不堪的樣子，決定提出我的建議。首先我問及他的專長，得到了跑步的答案。他既未受過訓練，也不曾有人指導過他，卻在綜藝節目的企劃中挑戰馬拉松，輕而易舉跑完3小時的馬拉松。據說我在建議他的時候，也是從上一個現場跑了10公里到我這裡來，令我大吃一驚。如果受過完善的訓練，跑完2個半小時應該不是夢。

但是，日本有為數眾多的馬拉松選手。即便是搞笑藝人當中跑得最快，也會被埋沒在頂級選手當中。

若是如此，在日本以外的國家跑如何呢？我想起自己因為工作關係，有柬埔寨政府關係的管道，於是告訴他：

「貓先生，如果你能當柬埔寨人，就可以變成柬埔寨的馬拉松選手喔！」

貓先生回答我：「唉！這點子不錯耶！超酷的！」

說起來對他有點抱歉，應該沒有太多人看到貓廣志的時候會覺得他「腦筋好」吧？正因如此，他才能天真老實興奮地把別人說的話聽進去，爽快地當起柬埔寨人了。這是會考慮實現可能性等的小聰明，絕對變不出的把戲。

成為柬埔寨人的貓先生，以優異的成績被選拔為奧運的馬拉松選手代表。不過，因為他沒有在國際競賽上代表柬埔寨的參賽經驗，再加上沒有實際的居住紀錄而引發爭議，可惜最終未能在倫敦奧運上場比賽。

雖然錯失了倫敦奧運，貓先生已經代表柬埔寨參加過無數次國際馬拉松大賽，並且贏得前幾名的名次。他在2015年6月於新加坡舉辦的東南亞運動會上，取得第六名的成績。而且他還是因為跑錯路才變成第六名的，不然很有機會贏得更好的名次。最厲害的，莫過於他得以奠定「奔跑搞笑藝人」的地位。銷聲匿跡的搞笑藝人能走到這個地步，大家不覺得相當了不起嗎？

▼用良好的融洽度把握良機

我也並非一開始就是一個融洽度相當好的人。其中改變我的一個機緣，是大學時期搭便車的經驗。由於當時與我感情和睦、同住在宿舍裡的好夥伴邀約我「要不要和我一起搭便車旅行？」，我認為似乎很有意思，就飛奔上路了。搭便車旅行期間，我找陌生人攀談，拜託他們讓我搭便車。雖然只有那樣的經歷，不過多虧這種微不足道的成功體驗，我才得以脫胎換骨，對自己產生自信。

要憑藉著一股衝勁起身行動，別無他法。

要不要參加認識的朋友邀約的有趣活動？要不要嘗試自己主動找陌生人攀談？要不要趕快摸索新事物看看？重點在你能不能毫不遲疑地累積這些小事。

融洽度差的人，是不會明白的。

他們會來問我「究竟該如何辨別是不是要好好把握的機會？」這種不著邊際的問題。小小的機會隨時在你我眼前流逝。誰都不會知道小小的機會與未來會產生什麼樣的聯結。只要自己覺得似乎有趣，好好把握跳下去就是了。一躍而下的結果，說不定能獲得超乎想像的有趣體驗，反之，也有可能會變成不愉快的經驗。

雖然我不清楚一躍而下會帶來什麼樣的結果，但是我確實有話要告訴你。

融洽度良好的傢伙，會受來自四面八方的人特別關照，而得以加速體會各種經驗。

就連我自己在工作上，也是至少努力做到絕對不忘記要有良好的融洽度。我在創業不久時，曾有過在半夜被願意成為我的客戶的人「我們來喝酒吧！」給叫出來的經驗。此時，如果以因為工作有截止期限為由搪塞拒絕，就是融洽度很差。我急忙趕到現場與這位客戶共飲，從此工作範圍不僅擴大了，也幫助我吸取了嶄新的經驗。

我的意思並非要你犧牲睡眠時間，或是不去遵守截止期限。正因為無論睡眠時間也好，截止期限也好，就連認識的朋友的邀約都想全數顧及到，才更應該動腦筋想方設法。

總而言之，「小聰明」最糟糕。

把種種事情想得煞有其事，結果卻動也不動。

若是能詳加思索就算了，多數人的想法則是為了保護自己的「自尊心」而提出藉口。

若要想那些事，憑藉氣勢行動的人會遠遠勝過他們。

▼局限於世俗常識，就無法揮出小鳥球

我沉迷的遊樂之一，就是打高爾夫球。我還熱愛到創設了配對高爾夫球球友打球的服務事業。

在高爾夫球場和練習場地看人打球，就能看穿那個人的個性。

例如推桿。

只差推這桿球進洞就有抓下小鳥球的機會，畏懼冒險的人，推桿力道往往不夠。這麼一來，球就會在洞杯前停止。雖然錯失抓下小鳥的機會，但想說只要揮出平標準桿即可。不少人採取這種方式，但是這絕不表示會讓他們抓下小鳥球，大致上就連平標準桿都打不出來，比標準桿還多一桿。

要說為什麼的話，因為球在洞杯當前停止的情況下，就無法得知從那裡到洞杯的路線（球滾動的路徑）。

如果想要抓下小鳥球，不用強勁一點的力道打不行。

不用多說，儘管打的力道夠強，未必就一定能抓下小鳥球。若錯失小鳥球，大家應該都會覺得功虧一簣吧？

但是，在這裡沒能抓下小鳥球，並不意味著失敗。就算球滾過洞杯，反而能粗略推估出球的路線，因此在滾過頭的地方折回洞杯的位置推桿，就能提升打出平標準桿的機會。

以這種方式推桿好幾次，應該至少有一次可以抓到小鳥球吧？

現實社會也是一樣的。

採取門外漢所說的常識性安全對策，打出目標為平標準桿的不上不下的方式，最後落得比標準桿多一桿的下場。

●畏懼冒險，就無法成功抓下小鳥球●

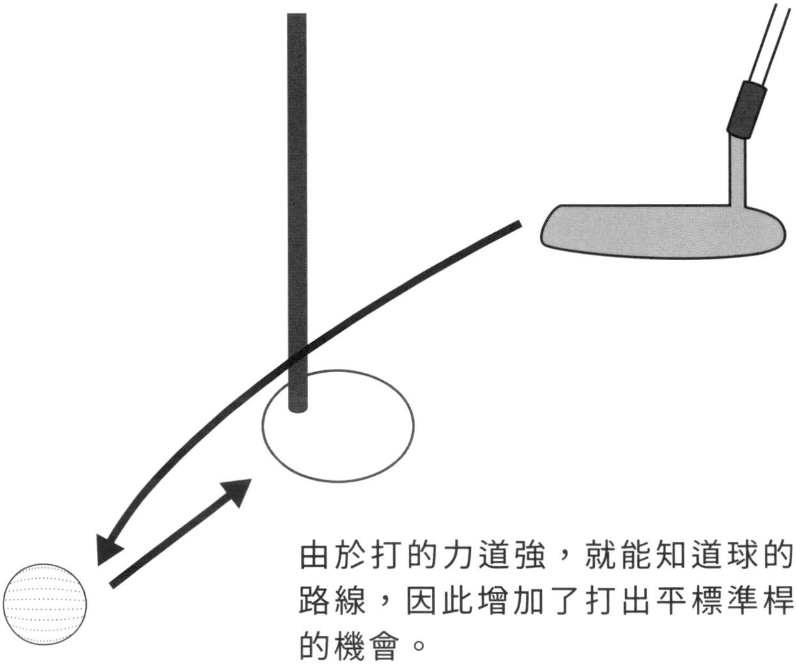

由於打的力道強，就能知道球的路線，因此增加了打出平標準桿的機會。

「放手一搏的傢伙」，不被常識束縛，推桿時不怕會打超過球洞。如果不小心打過頭了，也會根據經驗修正打球方式，一心一意地再三反覆。累積打超過球洞的經驗後，才能夠成功抓下小鳥球。

時至今日，我仍在歷經無數次的失敗。我有堆積如山、做了仍不見天日的事業，也嚐過不少苦頭。

這些都不叫失敗。累積挑戰經驗，才成就了今日的我。

▼別去想是否有實現的可能性

我認為，去做想做的事而獲得成功的人不太會去考慮「風險」這種事。

如果從動手做之前就在想「會不會成功？」、「失敗的機會有多少？」，結果就是永遠都無法付諸實行。無論你走到何處，不嘗試做做看就不會知道「我會不會成功？」。

所以，我難以理解那些擔心「要如何辨別成功的可能性？」的人。做與不做，端看當下的那股勁。你也可以說是氣勢或是感覺。做不到這點的小聰明，滿腦子想的都是失敗的事，他的下場就是不敢冒險。

首先會想到實現可能性而猶豫不決的人，不會去意識到不冒險這件事本身，才是最大的風險。

這樣的結果，便是愈小聰明的人，離成功就愈遠。

想在創業公司工作，卻被父母反對。打算創業，卻被認識的朋友勸誡放棄比較好而打消念頭……。

有些人會因為被旁人指點，進而放棄自己計畫做的事。這就等於如果得到旁人的認同，就會去做做看。

然而在當前的時代，像被周遭特別是被父母認同，無疑將以失敗收場，一點都不為過。

我曾經提過好幾次，當初我在經營「Livin' on the Edge」（Livedoor的前身公司）時，有一位受到父母反對，因而放棄在「Livin' on the Edge」工作的學生。起初他雖然不懂程式設計，卻能大力吸收技術，我對他寄予厚望，他也更加埋首工作，不知不覺嘴邊也開始掛著「我大學想休學，在Livedoor工作」。然而他的母親卻為此大吵大鬧，「為了進這種公司，根本不必進東大！」。究竟要怎麼樣的公司才好呢？當時我曾想過，如果那個學生繼續工作下去的話，早已得到一份有趣的工作和優渥報酬了。

無論是企業或是每個日本人，全都置身於全球激烈的競爭之中。就算是大企業，破產與被併購的可能性高，在當初第一個就業的企業工作到退休的人也將成為少數派。

穩定的工作方式，早已蕩然無存。

與其上大學累積不上不下的學歷，還不如去料理學校當廚師，去海外開日本料理店或壽司店，想必會更受歡迎、賺更多錢吧？

即使做與過去相同的事，也無法讓你成功。唯有憑藉著氣勢和感覺，嘗試做自己想做的事，才有可能獲得成功。

第 3 章的關鍵字

當小聰明最糟糕！

第 4 章

將全體優化

自己的時間是自己的

為了在有限的時間內儘可能「做想做的事」，本章將介紹我所實踐的時間使用方法，但是我要先把醜話說在前。

多數人嘴裡嚷嚷著「我好忙、好忙」，然而實際上，有多少人真的很忙碌呢？

「我才沒那個閒工夫，每天都在加班，也不能請特休假」。

如果只是任憑他人指示，不假思索做事的話，或許會感到忙碌也說不定。其實那只不過是因為閒到沒事可做，利用無謂的工作排滿空檔罷了。

在我以前執筆著作的《0：歸零，重新出發》當中有提到過，時間分為「自己的時間」與「他人的時間」。我們必須時時意識當下的自己是活在「自己的時間」，還是「他人的時間」。從這個觀點看來，現在的你到底活了多少「自己的時間」呢？

假設你想做自己想做的事，就會無暇為別人浪費時間。自己的時間，是屬於自己的。

世界上充滿著無數有趣的事物，但是人的時間卻極為有限。

這點讓我很不耐煩。對我而言，妥善安排有限的時間，無論工作、遊樂和趣事都要盡情痛快地享受，才叫人生。

做什麼事，無須金錢與地位。唯獨需要的是人人生而平等、到死為止的時間。正因如此，時間是最為寶貴的資源，如何善用時間，成了最重要的課題。

若你想度過充實的時間，我希望你能先把這個重點銘記在心。

「優化」所有時間

▼反覆「優化」，能做的事就會增加

若你想依序處理自己想做的事，剛開始應該會覺得時間完全不夠用。不過，這樣就放棄想做的事，是毫無意義的。時常思考如何善用時間這個稀少資源，你自己能做的事的範圍就會變得更寬廣。

正是如此，我總是不斷思索著「優化」。比方說，如果我正在看的消息管道內容是重疊的話，我會選擇放棄哪一個管道？刷牙使用電動牙刷比牙刷還快，iPhone 6 的螢幕變大，所以沒有 Kindle 也無妨，我連這些小細節，都持續不斷地在改善。

舉我最近改善的事情為例，就是避免參加在夜晚舉辦的活動。以往我會在談話性節目的展演空間舉辦活動，因為考量到招攬客人的因素，總是不得不把開始時間排在晚上7點以後。然後活動結束的時間已經是晚上9點半了，我就不能去可以好好吃一頓飯的餐廳用餐。美食對我而言極為重要，所以這點令我難以忍受。而且我也並不會因為參加談話活動就能獲得優渥報酬。若是這樣，我想到與其堅持一般招攬客人的方式，倒不如舉辦以「堀江貴文沙龍」的會員為對象，時間可以早一點的談話活動。

一旦輕忽，每天的生活就容易陷入例行公事。如果覺得有「浪費」之處，就要立即著手改善。

工作上有一種稱為PDCA的想法。PDCA，意味「Plan：規劃」→「Do：執行」→「Check：查核」→「Action：改善行動」。經營企業要如何快速循環PDCA，是其中關鍵。你也可以把PDCA循環應用在自己身上，目標對象就是24小時365天，是自己人生的一切。

企業會實施PDCA循環，進行反覆的改善，目的就在提升產品與服務品質。人生的PDCA雖然也是以提升利益為目標，但是我不斷改善的目的並不在賺錢，為的是隨心所欲使用自己的時間。

此外，如果改善的結果使自己陷入痛苦，就是本末倒置。改善時，我儘量不要使用到勞力，而是在享受的同時，努力實現自己想做的事。奮起意志力，用勉強自己的牽強方式不會持久吧？

▼經常問自己有無浪費之處

要改善自己的人生，必須先從謹慎觀察包含自己在內的人的行動以及周遭狀況，從抱持疑問做起。

舉我們生活周遭為例，各位可以想想便利商店的收銀台。當你在趕時間，看到前面的人慢條斯理地從錢包掏出零錢，應該會在內心至少抱怨個一句「給我精明一點！」。現在明明已經有使購物更為順暢的電子錢包這種方便的東西了。

我常覺得在實體店面購物是很無謂的浪費。特別是與流行相關的商店有這種強烈的傾向。以前我都在精品店等實體店面買衣服，可是我愈來愈不能忍受那種商店的待客方式。

不知該怎麼說，我無法忍受店員手腳不靈活的感覺。比方說在百貨公司的精品店。就算我迅速選好衣服了，店員走到收銀機結帳再回來，就讓我等了2、3分鐘。甚至還額外奉送過度的包裝。因為是我自己要穿的衣服，只要乾脆俐落地幫我塞進塑膠袋就好了。況且，店員還想幫我製作點數卡。由於我不會把那種東西帶在身上，我會跟店員說「請你幫我保管」，然後離開。

恭敬有禮的待客服務，要能提升顧客的滿足度才有意義吧？然而我看到大部分的商店，只不過是出自惰性，墨守如同以往的待客風格罷了。

在這類「惰性」當中，應該存在著許多徒勞無益的事。

若你想善用時間，察覺自己生活中無用的「惰性」，也是很重要的事。

況且，如果覺得有什麼地方是白費力氣的，平日就要養成習慣，思考解決問題的方法。只要有心解決，大部分的事情都會迎刃而解。

我不敢相信，仍有這麼多人嘴裡抱怨「討厭滿員電車」的同時，卻仍在每天早晨繼續搭乘搖晃的滿員電車通勤。我先把話說清楚，會為滿員電車感到開心的，差不多只有癡漢。癡漢以外的人，是否是讓人出乎意料的被虐狂呢？當然，為了維持都市活力，國家、都市以及鐵路公司，是有必要專注致力於解決滿員電車的問題。但是，如果真的厭惡滿員電車，有不計其數可以靠個人改善的方法手段。

不必搭乘滿員電車就能解決的方法之一，就是住在公司附近。一般而言，都市中心的房租與郊區相較之下較為昂貴，但是生產性遠比從早上就帶著疲憊的狀態工作來得高，只要把它賺回來就好。若你負擔不起昂貴的房租，也有入住共享房屋的方法。如果是在公司工作，可與公司交涉增加能夠在家做的工作，或者乾脆索性自己出來創業。

不止是滿員電車的例子，我把不會儘量想方設法，只顧發牢騷抱怨現狀的人稱作「老頭」。有人即使到了中高年的年紀也不是老頭，但才20幾歲很早就變成老頭的人也不在少數。

總而言之，我希望你回頭審視，看看自己是否已經變成那種「老頭」。

▼30秒內就能結束的郵件要立刻回信，5分鐘內就能結束的工作就依序整理

「我有太多必須完成的事，不知道該從何著手。」

沒時間的人當中，很多人都擁有這種煩惱。只不過為何我們必須安排工作的優先順序呢？安排優先順序也需要花費時間。不要浪費那種時間。你只要依序處理好工作就好。

「5分鐘內就能結束的工作」，特別要依序處理。回覆郵件、工作等，須立即完成。

有九成的郵件回覆，大都是在30秒內就能做出判斷。看完後如果能立刻回信，所需時間不到5分鐘。

若是「由於為了〇〇，需要30萬日圓的經費，請您准許這筆支出」的郵件，我會在30秒以內做出判斷，沒問題的話，就回覆「OK」。如果是平時一起共事的成員，我大致上會在30分鐘以內回覆郵件。如果是能在當下做出判斷的事，就儘量當場處理好，整個計畫也將順利進行。我幾乎不曾一整天都沒回信。若是在等候決策，光這點就會導致整個團隊的工作停滯不前。

為此，就要從平日開始，使用工具整合管理你的工作。簡單的是郵件以及LINE等即時軟體。每天都有數量龐大的訊息傳送到手機郵件App的收件匣與LINE群組內。不要考慮優先順序，而是從頭開始處理這些訊息。

不要先逐一做出判斷，而是要當下立刻處理能夠解決的事。如果可以這樣處理好案件，手機郵件App的收件夾會一直保持清爽，在精神衛生層面上也相當舒適。

重點是，「可以現在做好的事，就要現在做好它」。

▼是否有面對面溝通的必要？

現在仍有許多人和組織在進行專案時，過於要求面對面的溝通。只不過，就算開了會，沒有擬定目標、不停重複著沒有生產性的言論，總結不出個好結論就結束的情形並不少見。會議不只需要調整與會者的行程表，確保地點也會有費用產生，直到做出決定為止的速度太慢了。

的確，最初在專案開始進行時，實際與團隊成員見面建立親密的關係，是有意義的吧？然而，只要真實生活上不常見面，就無法順利進行專案，完全是你自己的刻板印象。

我在 Livedoor 時代，徹底貫徹了儘量以郵件為中心的溝通方式。

其中之一，就是每位員工寫下當日的工作內容與達成狀況的日報郵件。透過公司內部員工共享日報，不僅讓工作量多到快腦袋爆炸的人都能把握，也可以輕鬆不費力地相互告知不明白的事情。

甚至我還製作事業專案和以每個課題為單位的郵寄清單，讓報告與討論在郵寄清單上進行。在真實會議上突然要大家腦力激盪也得不到好點子，討論也不會踴躍起來。郵寄清單讓我做出更具有深遠意義的互動，郵件紀錄之後再參照都行。Livedoor 活用郵件，幫助我減少了99％的真實會議。

由於現在的我沒有經營公司，並未執行經營上的管理，但是我仍在使用 LINE 群組，同時間檢視許多專案。

我們在 LINE 群組互動時，並沒有做什麼特別的事。若想到什麼，就會發文在群組內，如果成員的主意或反應不錯，我就會給予「這個主意很棒耶！」的讚美。基本上只有這些。

一味認為沒有團隊領導者的指示與沒有開會就無法統整團隊成員意志的人，真是大錯特錯。

導入像 LINE 一樣能與多人同時互動的機制，徹底優化溝通效率，團隊內的討論也將活絡起來，也會萌生出各式各樣的點子。

畢竟在溝通方面，數量也將決定質量。

▼溝通效率化——Uber 流行的理由

由於我從以前就覺得搭乘滿員電車很浪費時間，所以我在東京都內移動時，基本上是利用計程車。我也不自己開車了。開車時無法做其他的事，也不能於用餐時飲酒。搭計程車雖然費用高昂，但性價比遠比平時聘僱司機高出許多。

最近出現了 Uber 這種車輛租賃服務，我也喜歡利用這個服務。你只需要事先使用手機專屬 App 輸入信用卡等資料，在想搭乘的時候，用 App 叫車到你指定的場所就好。車資會從信用卡扣款，因為能夠預先指定好目的地，上下車都順暢無阻。

有許多人也想要將付費、委託……這類的溝通加以效率化。大概正因如此，Uber 才會這麼流行吧？

未來的車輛租賃攬客業，說不定還會有類似 Uber 的計程車服務出現。把目的地輸入手機 App，搭上路過的計程車，目的地就會顯示在司機的平板上，連車資都是自動扣款。不只是計程車，我預估今後省時省力的訂購及付費服務，將出現在各種各樣的領域。餐廳、便利商店、超市等也只需事先於手機 App 輸入信用卡資料，就會自動處理，使用者什麼都不必做了吧。

這樣的服務若被視為理所當然，說不定連用電子錢包嗶一下付費都會嫌麻煩。

或許有人認為自己又不搭計程車，但是我希望你銘記在心的，就是這樣的溝通也會成為優化的對象。

▼犧牲睡眠時間也不會增加可用的時間

此外，有一點特別值得注意的，就是即使犧牲睡眠時間，也不會增加可用的時間。

最佳睡眠時間因人而異，我自己則是希望至少要睡足7～8個小時。如果沒有規律的睡眠時間，應該要確保午睡時間，或是在外移動時努力設法睡一覺。擁有充分的睡眠時間，可以提高清醒時的生產力。睡得好，就是節省時間。

「優化」零碎時間

▼徹底善用「零碎時間」

也常有「要使用零碎時間！」一說。無論是誰，都生得出等待時間和一點空閒時間之類的短暫時間吧？

有關優化零碎時間這件事，並非只要減少無謂的等待時間就好。有一個可以有效活用「零碎時間」並加以優化的方法。關於這個活用方法，就是大家都在使用的「智慧手機」，能大幅改變時間的使用方法。

如同稍早所述，我在東京都內移動的時候會利用計程車。計程車與電車的差異在於可以善用移動時間完成各種工作。

以前我在搭計程車時，會打手機指導下屬，或是發Email。如今手機已進化為智慧手機，能做的事顯著地增加。我常用的是LINE與新聞手機App。由於使用LINE，就能及時傳送訊息給很多人，溝通效率遠遠勝過通話和郵件。不必受時間及場所的限制，已經能夠同時間進行許多事業了。

移動中所花費的時間不一定就都是無用的。如果能夠事先整頓好移動中可做的事，甚至是移動工具，就會搖身一變成為提高生產力的寶貴時間。

▼智慧手機將零碎時間轉化爲「有價值的時間」

本來在「等待時間」看智慧手機這件事情本身，也有其重要性。與認識的朋友在餐廳用餐，對方暫時離開座位時，以往我們能做的只有發呆。但是只要有智慧手機，就算在那樣短暫的時間也可以做相當多的事。不但可以蒐集資訊，也能回信確認工作的進展狀況。

雖然有人視「手機成癮」為問題，但重點在你如何使用手機。70 億人善用零碎時間，就可以進行以往無法辦到的事。如此一來，大家應該就對智慧手機能創造出相當了不起的價值有所認知吧？

直到不久以前，我們為了在網路看新聞，必須打開電腦的瀏覽器連上新聞網站，然而智慧手機改變了這種觀看新聞的方式。只要使用 LINE NEWS 以及 SmartNews 等手機 App，新聞清單就會瞬間顯示於螢幕畫面上。這些新聞手機 App 都在篩選與顯示新聞方式上精心設計過，讓我們能在幾 10 秒到 3 分鐘左右的零碎時間粗略掌握各種不同領域的新聞。如果你覺得當中可能會有關係到商業機會的資訊，那麼在零碎時間看手機也是很重要的。

附帶一提，我發行的電子報也是費過一番工夫，設計成方便於零碎時間閱讀的。電子報雖然有著相當豐富的內容量，然而每則新聞報導都彙整為能在短時間內閱讀，也將文字行距調整成適合手機的間距。從現在開始，無論是蒐集或發送資訊也好，少了智慧手機是不可能的。

再者，零碎時間也是一個巨大的商機。依據電通「2014年日本廣告費用」指出，電視廣告費用成長2.8%，增加1兆9564億日圓。對此，網路廣告費用與去年相比成長12.1%，增加1兆519億日圓，已達電視廣告的一半，維持二位數成長。網路廣告當中特別是手機廣告，開拓出其他媒介所無法深入的零星零碎時間。

智慧手機也正在不斷地改變工作方式。透過智慧手機求職已變得理所當然，工作本身可以用智慧手機進行的服務也相繼出現。也有在社群媒體為企業做公關活動獲取報酬的服務。只要幾分鐘的零碎時間，就能換取金錢。

我之所以得以同時進行為數眾多的事業，正是拜智慧手機之賜。反過來說，如果你擁有智慧手機，就無法再找藉口說「我沒時間」。

▼零碎時間是指5～10分鐘的工作時間

針對常有的零碎時間，我也會預先決定好那時候要做的工作。

舉例來說，像是確認原稿等在5～10分鐘之內好像可以結束的工作，我就會儘量在空出來的時間進行。假設搭車移動的時間要30分鐘，我會花10分鐘左右用手機App確認事情，剩下的20分鐘如果有2個待確認的原稿，就著手確認等等。其他還有使用新聞手機App及Twitter獲得資訊，或是確認LINE群組回覆訊息，約莫10分鐘左右就能完成的工作不計其數。我會快速完成諸如此類的事情。

特意將10分鐘左右可完成的工作利用零碎時間來做，也是方法之一吧？

▼推薦使用「跑步機」跑步的理由

除了零碎時間之外，也還有可以更加有效使用的時間。那就是「在不勉強的情況下，可以同步進行的事情」，提高時間密度。

我也花時間在體適能上。只要一講究起美食，無論如何都會攝取過多熱量導致發胖。由於我還不到想鍛鍊身體的地步，只想維持某種程度上苗條的體型，所以每天都會跑步與做重量訓練。

但是，我在室外跑步期間能做的，頂多是聽個音樂。這樣實在有點浪費時間，因此我決定使用室內跑步機跑步。跑步時因為真的很吃力，大致上我是聽音樂或看電視的資訊節目，這樣依舊能夠比在戶外跑步時獲得更多的資訊。我也不會反覆聆聽一樣的歌曲，而是留意聽最新的熱門歌曲，若先記下歌曲及歌詞，和年輕人去唱 KTV 時就能跟得上話題。

此外，我用室內跑步機跑步的時候，會有中場休息時間。雖說是休息時間但並不是完全停下來，而是快走放慢速度。若跑步使身體呈現代謝升高的狀態，快走也同樣具有燃燒脂肪的效果。況且在這段中場休息時間裡，我還是能夠使用手機完成工作。

在做重量訓練讓肌肉休息1~2分鐘的時間裡，我一樣會使用手機。在戶外一邊跑步或是走路使用手機很危險，在室內的話就不必擔心這點。

我出差到鄉下地方時，經常會遇到沒有健身房或飯店房間內沒有室內跑步機的情況，不得已只好在外面跑步。這時候我也不會漫不經心地跑，我會邊跑邊想街道變成什麼樣子了等諸如此類的事情。

自己的專長（核心價值），更該花時間投入

▼外包給拿手的人

我已經跟各位說明過，要自由使用自己的時間，必須徹底減少無謂的時間，以及活用零碎時間。

但是，無論自己再怎麼獨自努力改善，效果畢竟有限。為了創造有益的時間，應該要積極外包出去。不把工作交給他人，就不能算實現真正的改善。

我現在住在飯店，打掃、洗衣服等雜事全數都交給飯店工作人員。我不自己煮飯，每餐吃外食解決。就連在外移動時也不自己開車，而是利用計程車。這是因為我做這些雜事，並不會生出什麼名堂，只需全數交託給拿手的人以及公司即可。

你是否有現在自己正在做、能夠交給他人做的事呢？

就算我未以飯店為家，也不打算自己一手包辦打掃、洗衣服、煮飯等雜事。只要請傭人就解決了。選擇衣服的工作也是交給流行品味好的朋友，幫助我變得更為時髦。

或許你覺得請傭人的費用高昂，但是最近出現了許多價格低廉的家事服務。若是在東京都內，可以利用從1小時2500日圓起跳的家事服務，如果你有2萬日圓，一個月總共可以請人來8小時，每週各2小時。你不必什麼家事都外包出去。吃飯有外食、只買熟食回來的方便食品、以及利用宅配服務，就能大幅縮短勞力與時間。精疲力竭地回到家還要做家事犧牲睡眠時間，不如委託家事服務，好好提升工作生產力更省錢，有不少這樣的事例吧？

當然，我在工作上也會徹底把瑣碎的事情交給別人做。倒不如說，若是不交給擅長的人來做，就失去了公司原有的意義。

我從創業當初開始，就把稅務和會計的工作全數丟給公司外部的專家。公式化的郵件來往、各種申請文件的填寫、支付手續等，我會聘請員工做這些工作或者外包出去，將自己不做的事貫徹到底。行程表的安排除了相當勞神耗時，也毫無生產力可言，所以我全部交給經紀人處理。

現在已有為數眾多可透過網路委託工作的群眾外包服務可利用，不必聘請常駐員工，就能把相當可觀的工作外包出去。首先你要思考自己的工作能否外包出去，查詢市場行情，或是委託認識的朋友看看。

我連工作以外的事也是如此。

我幾乎都是在網路商店購買衣服，但是遇到「要買哪種衣服？」這種事也是交由他人幫我做。只要請教流行品味好的認識的朋友「因為天氣變冷了，你有沒有推薦的夾克？」，對方又喜歡看衣服，就會立刻傳來「這件蠻適合你」的訊息給我。之後我只要在網路商店選到這件衣服，按下手機的結帳按鈕就解決了。所以我不會浪費時間，自己需要的衣服就能到手。

▼如果專注於「核心價值」，就會營造出一個只要做該做的事就好的環境

就我所見，大多數人都會勉強自己去做不擅長的事然後火山爆發。又或是過於堅持自己擁有的技術與資格條件而一廂情願地以為自己非得處理所有事不可。

這樣就看不到自己真正該做的事，也就是自己所擁有的「核心價值」。

試想看看，比如說你要出一本書。你想到了一個有趣的書籍企劃，卻沒有該領域的相關知識，也不曾寫過書。這個時候，你會怎麼做呢？

你會耗費數年的時間儲存知識，練習書寫文章，然後再提交給出版社嗎？你在做這些事的期間，好不容易有的企劃就不再新鮮了。那麼，毫無經驗的人要出版書是不可能的嗎？沒那回事。那是因為凡事都想自己一手包辦，所以才

辦不到。

那麼到底該如何是好呢？方法其實很簡單。

自己如果欠缺內容，只要去請教有該內容的人就好。擁有尚未成社會主流，但是內容及創意很有趣的人不在少數。如果對採訪或寫作不在行，只要外包給拿手的人即可。若是不擅長宣傳，也是外包就行了。如果企劃很有意思，就會出現想做的人，只要與那些人分配好利益不就得了。如果你提交給出版社的企劃被回絕了，也能自行製作電子書，直接在電子書店販售。

事實上我在製作書籍時，也是徹頭徹尾交給別人做。以前我推出了一本名為《逆転の仕事論》（暫譯：逆轉工作論）的書，是集結8位創新人士的工作論。這本書的專案，是我請出版社編輯幫我挑選出能夠成為候補的人選，我再從中思考篩選會讓這本書更生趣的人選組合。

選好8名人選當下，我該做的工作也幾乎是等同結束了。之後就讓編輯分別提案給他們，讓值得信賴又有才華的撰稿人進行採訪與撰文。最後我再為完成的原稿發表1600字的評論。書寫評論所需時間大約每篇20分鐘吧。

《逆転の仕事論》的核心價值，在概念、人選，以及我的評論。正因如此，我只需專注在自己的崗位上就好了。

現在我在成立新事業之際，基本上也是尋找具備擔任總經理能力的人，決定好大致的方向後，就把事業交給他們。事業成立當初，我也是儘量透過LINE確認進展狀況，進行細部管理，如果他們習慣了，我的負擔幾乎也就不復存在了。

若能夠反覆這個做法，就可以同時進行好幾個不同的事業。或許你會認為同時進行事業很辛苦，實際上這麼做的效率遠比只進行單一事業要來得高。市場行銷和廣告等「Know how」也可以攜手共同合作。使用LINE和Skype之類的工具，就不會受限於時間與地點，使我們得以自由展開事業。

我逐漸刪減不必自己做也行的工作並且交給他人，專注在唯有自己才辦得到的核心價值上。就連打掃、行程表的安排、寫書這些事，都不必由我親手做。如此一來，我就能完成比以前更多的事。睡眠還真是無法交給別人，說不定未來還會出現能夠買賣睡眠時間的服務。若變成那樣，我就會大量買進別人的睡眠時間，請他們代替我睡覺。

擁有企劃力、銷售能力、或是口才等，我認為每個人都具備某些可以成為自己核心價值的能力。但是，一個人如果想要獨自包辦一切，就會不斷地刪減唯有自己才辦得到的事。這才叫浪費人生，不是嗎？

▼只要不間斷地實踐自己想做的事，就會找到「自我的核心價值」

就算用腦袋思考自己的核心價值所在，也毫無頭緒。雖說你有技術與資格，卻不見得是你的核心價值。首先，你要去做所有想做的事。然後，做到自己一個人開始變得束手無策的時候，把工作交給別人，經過刪減後剩下來的就是你的核心價值所在。

當你想到要做什麼事業時，「我要先取得必要的資格和習得技能再創業」是本末倒置。不是要你去依賴資格，而是要你去思考想要做什麼樣的事業，之後如果資格和技能是必備條件，只要外包給能幹的人即可。

我要先補充一點，外包時，自己要事先充分了解外包給對方的工作內容。舉例來說，我雖然說過出納和會計是全數交給稅理士做，但是你應該要先理解資產負債表等基本會計結構之後再全數發包給他們做。基礎會計原本並不難，只要有高中生也能考取的簿記檢定三級程度的知識便已足夠。

在我的電子報，時不時會收到是否該把事業或 App 程式設計由自己一手包辦或是外包出去的提問。沒做過程式設計的人，我推薦你自己動手做程式設計。程式設計有適不適合的問題，就算要自己做也沒有完成所有作業的必要。與程式設計技能另當別論，App 的圖示和繪圖需要具備設計感。但是如果沒有對程式設計有相當程度的了解，就會不知該如何指示外包商才好，導致無法得到想像中的成果，或是被敲竹槓。

用最近的距離學習

▼別白費時間在學習上

在開始什麼新的事物時，有「為了取得資格或習得技能，非得要念書」這種想法的人實在有夠多。於是，想要從零開始讀教科書，結果卻挫敗，為了取得派不太上用場的資格枉費了好幾年的時間。

究竟大家是為了什麼而這麼認真呢？我所看到的，只不過是對學校老師的話照單全收的權威主義。

大致上，幾乎沒有只要得手後就能苟且求安的資格和技能。重點在如何有效利用資格和技能。我聽說最近就算是取得律師資格這種國家資格，陷入窮忙族窘境的人也不在少數。這是必然的。只有取得資格卻不經營事業，工作當然不會自己找上門來。光是擁有大多數人想取得的資格，是無法與其他人區隔出差異的。

英文也是如此。我沒遇過上英語補習班，英語就精通的人。「如果我會英文，總覺得未來會有好事發生」這般程度的目的意識，無法持久。如果一開始沒有一個無論如何你都想說服的美國人之類的目標，就難以持之以恆。但是也有一個想法，那就是原本工作真的需要用到英文的時候，你只要聘僱口譯人員就好。

我從以前就對取得資格這件事興趣缺缺，但是為了說服父母脫離家鄉，就去參加東京大學的入學考試。我高中一～二年級都沒念書，功課一落千丈。因為我是在高中三年級那年的6月才開始準備考試，像同學們一樣採穩紮穩打的正規方法念書的話時間會不夠用。所以我去買東京大學考古題（也就是俗稱的

「紅本」），分析命題方向。

最後，我得到的結論就是，東大的考試重點在英文，而且只要牢記英文單字就能強化英語能力。我每天會翻開一本滿載了使用範例和派生詞的200頁的單字書，一天背誦2頁。之後就只顧解考古題，以及維持充分的睡眠而已。

我在東大求學期間創業，深切地領教了東大品牌的威力。就算是一間小公司，也會獲得信賴，在搭便車時也能讓司機安心載我。如果從現在開始就志在大學的話，以東大為目標是有其價值所在的，然而上一所品牌價值低於東大且學費昂貴的大學毫無意義，上東大也不能保證你一輩子都將平安無虞。如果你想取得什麼資格，應該把能夠獲得的價值與取得資格所需費用做比較，判斷是否划得來。

我在考東大的時候，集中相當的精神在學習英文上，不過我確實也有就算是因為興趣而學習卻無論如何都無法理解的領域。

但是，我自己不必所有領域都精通。

舉例來說，我已經放棄去深入理解物理與化學。關於自己不拿手的領域，只要大致掌握內容重點，死背重要關鍵字就足夠了。如同我一再重述，為了做想做的事，把工作交給他人是很重要的。如果某個領域的知識是必備的，自己先粗略理解過後，再交給懂的人即可。

▼不必做系統性的學習

大部分的事情都有許多簡單的學習方法。完全沒有必要做系統性的學習。

比方說吉他。以前我覺得會彈吉他很酷，但是要我穩紮穩打每天做基礎練習，門都沒有。由於當時在我熟悉的店裡有擅長教學的吉他手，就拜託他在快開店前教我。

這位吉他手的教法非常淺顯易懂，不會給學生做基礎的練習。他先教我幾個簡單的和弦，再教我可以用那些和弦彈的曲子。《Stand by me》這首歌使用的是A和F#m、D、E這四個和弦。初學者都能輕易按出，我很感動自己只需記住這些和弦，就能彈出《Stand by me》。

和弦譜就算乍看之下使用了很難的和弦，也有許多只要升降一兩個Key就能簡單彈出來的曲子。假設使用手機App，還能幫助你了解升降Key，和弦會如何隨之改變。如此一來，你就會明白光是自己知道的簡單和弦，竟然有這麼多能彈的曲子。

一旦記住約10首曲子，就會有一種自己還稱得上是吉他手的心情，也會開始想要挑戰稍微有點難的和弦，以及衍生出想要努力按出F和弦（因為左手食指必須按到所有吉他弦，故相當不易）的心情。一開始使力想按F和弦卻總是按不好，但經過多方嘗試就能領會恰到好處的力道。從做了會感受到快樂的事做起，比一開始就想按好困難的F和弦受挫，遠遠更具效果。

無論是工作或是什麼知識，特地系統性地學習，用了無生趣的學習方法在半途中遭遇挫折，實在得不償失。

因學習內容而異，獨學不如向人學習的例子也不在少數。教我彈吉他的吉他手，教初學者的功夫了得，激發了我的幹勁。我從以前就屬於高爾夫球打得比較好的人，然後碰巧遇到指導有方的教練，使我得以精進打球的技巧。

要遇到教學有方的教練，不需透過特別管道。你可以拜託認識的朋友，或是在網路上找，應該就能找到許多評價良好的教練。話雖如此，頂尖職業高爾夫球選手並不一定是好教練，需特別注意此點。業餘愛好者就算是獲得傳奇職棒選手、教練的長嶋茂雄「勇往直前、鏗鏘打擊！（バァッといってガーンと打つ）」的建議，也無助提升打擊技巧。

▼不到那個節骨眼，就不會明白應該要學什麼

無論是學生還是社會人士，確實是有必須認真學習的時候。

我從學生時代開始著手網站製作，那時候由於還處於網路業界的早期階段，受委託的盡是些我沒做過的工作。HTML以及各種程式語言、資料庫……，不知道的技術就買書尋找資料學習，再將習得的東西實踐在工作上。

如果我在工作前東想西想「一定要先學習這個知識才行、一定要先累積那樣的經驗」諸如此類的事，我已經為了無用的知識浪費時間了吧？

總的來說，在著手做一件以前從未做過的事情之前，如何會知道需要具備怎樣的知識才夠呢？若從一開始就給自己設置一道屏障，就會撞上自己親手蓋的那面牆。

在開始一件事情之前，重點不在念書學習，而是一邊做想做的事，從中學習。如果你想試做手機 App 以及網路服務，就去買入門書籍，總之就是先試著打範本程式碼看看。碰碰範本程式碼，思考該怎麼做才能寫出手機 App 和服務。在不斷重複這些事的過程中，自然而然就會獲得知識。

這也可套用在其他事物上。如果你想經營網路生意卻毫無這方面的知識，可以架設部落格，也可以加入亞馬遜聯盟。在親手參與的過程中，就會掌握到要如何介紹商品以及吸引客人的方法吧。

別只顧胡思亂想卻不付諸行動，總之行動就對了。如此一來，就會明瞭下一步該怎麼做。

在做著無論如何都想做與非做不可的事的同時，吸取必要的資訊，獲得知識的效率會高出許多。試做看看仍舊不明白的人，只要去請教或拜託別人就好了。

▼資訊要大量接觸，而不是去記憶

遠比孜孜不倦地學習取得資格更重要的，是要時常接觸大量的資訊。

在日常生活當中，也會因是否接觸到資訊，大幅改變生活品質。

舉例來說，你打算買便宜一點的東西而跑了好幾家超市和量販店，時間成本效益真是太糟糕了。如果你知道比價網站和網路購物的存在，就能在短短的幾分鐘內以便宜的價格買到想要的物品。如果是常用的商品，只要利用定期配送服務，連訂購的時間與勞力都不需要了。知道服務的存在與否，有可能讓你省下好幾個小時。把使用至今的手機 App 轉換成其他新的 App，有時可以大幅提升你的作業效率。

雖然我已解說過了減少等待時間以及有效活用零碎時間的重要性，然而要如何去實現，端看你所獲得的資訊。知道有家事服務的存在，就會萌生把麻煩的家事外包出去的念頭。使用新的 App 和機器，吸取其他的想法，說不定就能在零碎時間完成至今無法做的工作。

獲得資訊，並非只在提高生產力，還能拓展人生機會。舉我們周遭的事為例，新歌也是很不錯的資訊。總之如果你先記住並且會唱最新的流行歌曲，自然就會明白什麼關鍵字會打動年輕世代的心。似乎有許多老頭在找尋與年輕人的共通話題上吃了不少苦頭，那就不要老唱一樣的拿手歌，如果能積極唱年輕世代的新歌，就可以輕易地與他們交流吧？

甚至，你還可以藉由早別人一步接觸大多數人還未體驗過的新活動、作品、服務和技術，來看穿未來的趨勢。

在你把工作外包給別人時，若同時有知道與不知道最新資訊的業務員，你會想把案子交給前者吧？如果你自己不僅知道資訊，也看得出業界與社會動向的話，在某種程度上應該就會知道接下來會走的趨勢。

▼「好點子」並非價值所在，「執行力」才是

我時常被問及「為了創業，要怎樣學習才能生出點子呢？」，這些人真是錯得太離譜了。

如果孜孜不倦地學習，就會想到誰都料想不到很棒的好點子——這是你的幻想。

現在這個時代，想法的價值正在消失。所有資訊和想法已經用盡，在真正意義上，劃時代的想法並不常見。如果有所需的資訊，在網路上大概都找得到。即便是生意的點子，自己的腦海裡勉強擠出來的也不會是什麼了不起的東西。

然而，這世上洋溢著點子，只要把它們彙整在一起，就能簡單創造出嶄新的點子。

點子的價值暴跌，取而代之成為重要關鍵的是執行力。點子比比皆是，之後就看做還是不做了。

你聽了我說的，可能會覺得「什麼嘛！是那樣啊！」。只要獲得資訊並且執行，就會有截然不同的人生。

▼資訊量創造資訊品質

也有人說「因為您是堀江先生，一般人不知道的資訊才會源源不絕而來，不是嗎？」。

說不定，他們是認為我是否握有什麼特別的人脈或手段，以獲取有別於人的資訊。

但是，我看到的事物，與你所看到的並無分別。

舉例來說，作為現在資訊的主要來源，我使用的是手機App，舉凡Gunosy、SmartNews、LINE News、antenna、NewsPicks之類的新聞策展App，以及Twitter等社群媒體，並沒有使用什麼特別的東西。

若要說我看起來有地方不同於他人，我認為差別在**資訊量**。我敢斷言，我看的資訊量，一定遠遠勝過你平常看的量。重點在壓倒性的資訊量與資訊的處理量。

至於領域，基本上我看的是感興趣的某些領域，時尚新聞和美食新聞也會大略過目。

此外，推出新的新聞App或版本升級的時候，我會更換App確認使用起來是否順手，還有經常捕捉平時不會看的類別的新聞等做微幅調整。在你擅自決定不感興趣的類別當中，存在著有利於你的資訊，也會刺激大腦，應該拋下成見才是。

我也會有意識地留意吸收**「雜音」**。這是指我在 Twitter 追蹤與自己意見相左的人，以及閱讀意見不合的人的雜誌專欄之類的事。當然，讀這些人的意見令人光火，但卻具有修正自己心中偏見的效果。

除了手機 App，還有五花八門的資訊環繞著我們。與各界人士會面談話。傾聽咖啡廳隔壁桌的交談。

總之就是要無時不刻儘量獲取大量的優質資訊，還得不斷重複改善獲得資訊的方法。比方說，如果有把新聞報導歸納得很好，且能在同一時間獲得更多資訊的 App，我就會轉換成這個 App 使用看看，也設法利用零碎時間獲得更多資訊。

尋找資訊彙整好的地方，也是一個改善的例子。以國外的技術動向為例，與其花時間逐一閱讀英語新聞，直接追蹤觀察新聞者更能輕易又快速地獲得資訊吧！

▼大量接觸資訊，就能培養鑑賞資訊的眼光

那麼，要說優質與非優質資訊的差異，並沒有明確的基準。我敢說如果要列舉基準的話，舉凡像是用Google搜尋就能立刻知道的資訊，我並不會那麼積極地吸取吧。我只能說，擁有多方領域的興趣，並且在持續反覆獲得大量資訊的工作過程中，自然而然就會懂得判別對自己來說是不是優質的資訊。

或許這與國語長篇文章的閱讀測驗有著相似的地方。閱讀豐富的人如果被問到「請你回答我本篇文章的重點所在」，雖然能夠及時回答，但是一旦被要

求說明為何文章的重點是在那裡，恐怕回答不出個所以然吧？他只能說「重點就是在這裡」。總之你要增加資訊量，就會培養出那樣的感覺。

我入獄服刑1年9個月期間，吸收的資訊量明顯減少了。不過我除了請人送來我想閱讀的書籍以及主流雜誌，還把電子報和部落格文章印出來讀，想辦法找出更有效率的閱讀方法。由於平日我一天可以有4小時的讀書時間，我閱讀了1000本書，把我想的事總結在《ネットがつながらなかったので仕方なく本を1000冊読んで考えた》（暫譯：由於網路不通，在不得已的情況下，我閱讀了1000本書的心得）。

看法因人而異，有人說阻隔資訊，放慢腳步，慢慢思索，就會產生好點子，但是我持反對的意見。

獲得的資訊減少，毫無益處。或許大量資訊，無意義的資訊會大增，但是絕對性的資訊量也會跟著增加。問題在你是否有增加優質資訊的比率，並非阻隔資訊就會浮現出好點子。

口口聲稱「看新聞不知不覺就看個沒完沒了……」、「老是得到資訊也無濟於事」的人們，說到底不過是獲得的資訊量很少罷了。就算是自豪網路消息靈通的人，你的資訊量大概也少我一位數。這無關乎你獲得資訊的態度，而是看你如何有效率地獲得多少的資訊量，量與速度才是問題所在。

▼不要記住資訊！

我曾被人問過「獲得那麼多的資訊，頭腦不會爆炸嗎？」。

這裡有許多人都誤會了。我並不是要你去記住每一個資訊，只要大量接觸即可。

獲得資訊後馬上忘記也無所謂。這樣恐怕有人會認為獲得情報也沒有意義，不過就算本人以為已經忘掉了，重要的情報也會留在腦海的一隅。唯有重要的事，會確確實實地留下來。

把大量訊息，全部暫時塞到被稱為大腦的抽屜裡。如此一來，因為某個因緣際會，存放在抽屜中的訊息會突然一下子聯結在一起，產生嶄新的點子。創業的點子，並不是絞盡腦汁思考的東西。只要平時培養大量接觸訊息的習慣，點子就會源源不絕地湧現出來。

這並不是叫做思考法、讓人大驚小怪的東西，只不過是把訊息聯結在一起罷了。

譬如說，透過群眾募資製作蝦夷鹿生火腿專案。我很喜歡生火腿，想自己製作生火腿。有人介紹朋友的朋友，是蝦夷鹿的專家。於是，他把我引見給肉品加工業者的舊識……。只要你有好奇心與訊息，應該就會明白根本不需要任何特別的事吧？

就算是關於工作或其他課題，我也不會特別使用書本和思考法。假設從平時就獲得訊息，就能恣意在大腦中組織對策。

正因爲是量創造品質，反之則不然。

最近人工智能成為眾所矚目的焦點，我認為也與情報的「量」，特別是與失敗的數據庫有著極大的關係。

語音辨識及翻譯，曾是機械不擅長的領域，然而近幾年來，辨識率與精準度已經急速改善了。如同 iPhone 的 Siri，智慧手機也搭載了應用人工智能技術的語音辨識功能，相當實用。

使其可行的，是由於受惠於IT發展，讓我們得以蒐集龐大的數據量。分析好幾萬、好幾億個數據，再逐一排除無法好好識別的失敗數據。這麼一來，就會留下正確比例高的數據，接近正確答案。有了龐大的數據，才會有翻譯及語音辨識的突破。

人類的大腦中，不也發生類似的現象嗎？每天輸入到大腦裡的資訊量，一旦超出臨界值，就會在大腦中形成資訊網絡，說不定就會開始形成某些輸出。

人只要身處於外語聲音的環境，就會一點一滴地記住詞彙。接觸大量詞彙，語言之間會在大腦中組合在一起，形成輸出。或許人類的大腦善於從流入的龐大資訊中擷取出某些意思也說不定。

有關大腦的資訊處理能力，當然或多或少有個體差異，然而基本上神經網絡的構造只要是人類，幾乎是沒有分別的。我認為只要給予龐大的資訊，論誰都能在大腦中形成資訊的聯結。

▼大量輸出，反覆「自己思考」

大量的資訊定著於大腦內，透過某些機緣，形成資訊間的聯結。要將這個過程發揮至最大效果，輸出與自己思考這兩件事是不可或缺的。

輸出，不論是寫在手冊上，還是與他人說話都好，如果是現在的話，如Twitter和Facebook等社群媒體與部落格會是最快速的方式吧。不必盛氣凌人，勉強自己寫長篇文章。有關我對新聞策展App上感興趣的新聞，會養成在自己的網站「HORIEMON.COM」寫下短文評論的習慣。

寫下我感到在意的資訊與當時浮現在腦海的評論後，我就會忘得一乾二淨。因為忘記的資訊是無關緊要的，還真是沒有去在意它們的必要。

也有人煩惱無法好好輸出己見，那不過單純是他輸入的資訊量不足而已。只要增加輸入量與速度，自然就會增加輸出量與速度，自己的見解就會自然湧現。該動腦的不在如何擠出自己的見解，而是在如何改善輸入量與速度。

再來就是反覆「思考」，作為每日的習慣。就算你無法使用智慧手機，僅有幾秒的時間，都能思考。想什麼事都沒關係。

你能不能改善以往被視為理所當然、不斷重複的日常例行公事呢？如果你在一家商店得到很棒的服務，是哪個地方讓你覺得很好呢？如果服務很糟糕，該如何改善才好呢？新聞介紹的新產品，能不能使用在解決工作的課題上呢？

輸入與輸出資訊，並且反覆「思考」。不是要你發呆恍神，只要思考事情填滿自己的時間，就會在某個瞬間浮現出解決對策和點子。把自己的大腦用資訊和思考填滿，應該就沒有閒工夫為無謂的事煩惱。

▼試圖爲人際關係新陳代謝

重複輸入與輸出龐大的資訊，經常幫助大腦的內容新陳代謝。如此一來，就能從自己心中的固有思維解放，或許可以創造出嶄新的點子。

同樣地，我也牢記著要為人際關係新陳代謝。

每個月結交一位新朋友，或是與年齡、性別及背景不同的人建立友好關係。

我自己也不例外，大多數人總是不知不覺和一樣的人打交道。建立穩定的人際關係，想永久持續那個關係。相同的友人、同一個職場的同事、趣味相仿的社團……。從一樣的人際關係中，總是不會發生令人滿心期待的新事物。反而會形成奇怪的羈絆阻礙，束縛自己的行動與思考。

若是那樣的話，每個月至少結識一位前所未有的類型的朋友就好。如果認識至今未曾遇過的人，就會創造出什麼嶄新的事物。

要拓展新的人脈很簡單。如果看網路，就知道每天在哪裡舉辦什麼樣的活動，你只要參加就對了。去沒去過的酒吧或餐廳看看，好像也不賴。只要將此點銘記在心，就會有無數的新朋友等著你。

只不過老實說，結交新朋友對我來說，實在是太麻煩了。我要詢問那個人擁有什麼樣的背景，又要告訴對方自己是什麼樣的人，交流必須從零開始。由於對方不像老友一樣默契十足，總而言之就是令我疲憊不堪。我在前往新的交流地點時，內心滿懷期待的同時，心中也有「啊～好煩！」的聲音。

因此，我是**「打定主意」**一定要去新的交流地點的。因為決定好了，就去。這與著手從事新事物時的共通點一樣，只要下定決心，就「化為行動」。

即使心生麻煩的心情，忽視它就好了。前往地點，做自我介紹……在進行這樣的過程當中，不知不覺就會忘掉麻煩的心情。

大多數與人相遇的時候是很開心的。而且，開心比較重要。

「馬上行動」，才是將優化的效能發揮到最大

▼讓自己忙到極限

最後，為了不白白浪費時間的重點。

那就是「讓自己忙到極限」。

頻發牢騷抱怨自己很忙碌的人，至今我從未見過有人比我還忙碌的。

聲稱自己很忙碌的你，是怎麼度過一天的呢？

早起吃飯，打扮得整整齊齊。搭乘滿員電車前往公司上班。想辦法準時結束工作，結果卻是加班。在居酒屋吃一頓很晚的晚餐後搭電車回家。玩一下遊

戲後上床睡覺⋯⋯。

就算本人覺得很忙，在我看來，這樣的一天真是太過悠閒了。一天24小時當中，你到底做了多少想做的事呢？

或許聽起來很矛盾，但是要有效活用時間的首要之務，就是讓自己忙碌起來。不是要你裝忙，而是真的要逼自己忙碌起來。

不要為自己想做的事情擬定優先順序，從一頭開始做起就好。去你想去的地方或活動。見想見的人。吃想吃的東西。

你一定會說我已經忙到現在，還要再把計畫填滿，根本就不可能吧？然而，你明明沒有做過，怎麼知道是不可能的呢？如果你覺得累了，就先停下來睡個覺就好。

沒有錢？我並不是說什麼都要花錢。稍早我已經說過，做想做的事並不需要花到錢。

把想做的事情做到極致。這麼做才清楚該如何善用時間。明明就沒事做，卻嘴裡喊著時間效率化，這才是浪費時間。

▼長期願景毫無意義

若要有效利用時間，就要「現在動手做」。

我不太明白夢想、或是長期願景之類的事。

「5年後我要做◯◯，10年後我要成為△△」。

為何要有那種長期願景的必要呢？那樣你能嚐到什麼甜頭呢？

所謂的長期願景，最終就是藉口。只要有想做的事，就立刻著手去做，「儘早完成」實現它。如此罷了。

只要告訴別人我在開發火箭引擎，就會聽到「真是偉大的夢想啊！」、「您有什麼樣的長期願景呢？」，總是令我驚訝不已。

因為這是我想做的事。我並不是為了「總有一天可能會實現的夢想」才製作火箭引擎的。對於問我那些問題的人，我反倒想問他們「有什麼不能立刻著手去做的理由嗎？」。

我想去存在智慧生命體以外的恆星系。現在立刻就想去。因此，我思索最快的捷徑以及最有效率的手段，朝目標邁進行動。

如果能製造出成本費用遠比以往更便宜的火箭，想輕輕鬆鬆去外太空的人也會增加吧？如果形成市場，市場參與者就會增加，就能製造出成本費用更為低廉的火箭，相關事業應該也會相繼出現才是。

時間面前，人人平等。因此，我無論何時都想用最近的距離「儘早完成」想做的事。這才是優化的意義所在。以前我打算併購電視台，就是為了推出融合電視與網路的有趣服務，因此認為買下電視台是最快的捷徑。什麼都要優化，縮短時間。

大家是不是都在浪費時間呢？

時間是有限的。悠哉擬定長期願景，完全是在浪費時間。

第 4 章的關鍵字

想做的事，「當下」就去做！

第5章

爲了以眞心話過活的必要重點

▼挑戰的門檻變低了

找到想做的事後，剩下的就憑氣勢和感覺去挑戰了。

我所說的，歸根結底就只有這樣。由於太過簡單，期待詳盡成功法則的人應該會感到掃興吧？

現在是凡事只要你肯做，就能成真的夢幻時代。在世界上的確還有許多處境悲慘的國家，最起碼日本不是。

日本的社會安定，具備了全方位的完善基礎設備。人人都能上網。光是出生於現在的日本，就像一開始就中了大獎一樣。

過去，我們在挑戰事物時，就會先面臨各式各樣的困難。家世與學歷、財產、天份、人脈、經驗、資格、教養……。

現在，就算你一個都沒有也沒關係。

假設你想要開一間餐廳，譬如壽司店。在嚴厲的師傅底下修行10幾年，存錢獨立出去開同系列的店是至今以來的常識，坦白說，這種做法在現在真是荒謬至極。

指導正統握壽司方法的教室，只要肯找，就會找到很多。學習2～3個月的時間，就能捏出像樣的壽司了吧。

要開店，也不需要拘泥於日本國內，可以放眼海外。只要稍加調查，你就會立即明白正在盛行日本料理的國家和地方。有關如何租一家店以及進貨，你可以在網路查詢，或者拜託認識的人，請教了解的人。只要找到門路，說不定還可以租到便宜的店。如果你沒有經營相關的知識，請教別人就好。

▼徹底仿效他人在做的事，並加以改善

在盡善盡美的社會中，挑戰的門檻已顯著降低。無須任何特別的東西。是的，就連天份也不例外。

「可是，要讓人動起來，必須具備吸引人的個性與魅力吧？」

的確，在社群媒體確實存在著擁有眾多追蹤者的人氣網紅。那麼，他們天生就擁有獨特的個性與魅力嗎？

與這些毫無關係。

在大型活動與專案會讓人動起來，單純是出自那個企劃很有趣。

那麼，要推出一個有趣的企劃、吸引眾人參與該怎麼做才好呢？

好。

答案很簡單。你只要仿效擅長推出有趣的企劃，能吸引大批人參與的人就好。

拋開「這與我的風格不同」、「模仿別人很俗氣」這些愚蠢的自尊心，徹底仿效、不斷改善成為你範本的人在做的事就好。

可以拿來當模仿範本的人，在網路上、現實中，哪裡都有。只要有一點覺得好，不要猶豫去模仿就對了。

連我自己本身也是老實地持續這種做法。

舉例來說，我的電子報《在堀江貴文部落格不能說的事》，自2010年2月開始以來，10個月的時間會員就突破1萬人，其後會員人數也順利成長。然而，我並未特別想過付費電子報的事業規模。

我也會購買閱讀廣受歡迎的付費電子報，仿效受到好評的企劃，以及是用什麼樣的方式製作，然後套用到自己的電子報。參考其他電子報，充實企劃的另一方面，我也不斷改善製作流程。由於我的電子報分量相當可觀，「到底是花了多少時間寫的呢？」，可能有人會感到驚訝，我自己是建立了一套儘量省時省力的運作方式。

仔細觀察那些正在做有趣的事情、或是事情接近自己想做的人的活動，最重要的是自己試試看做同樣的事。然後再思考要怎麼做才能更有趣，或是要怎麼做才能更省勞力，不斷加以改善。

有可能成為楷模的人，都積極公開活動。完全抄襲內容則是另當別論，仿效能幹的人，是最快的進步方法。

▼重點在「Give, Give, Give」

可以免費獲得的資訊，多到數不清。想法處處皆是，成為楷模的人也無所不在。

在這樣有幸什麼都能獲得的社會，唯獨一件事應該要牢記在心。

那就是「Give, Give, Give」。換句話說，就是不吝於付出。

我從以前開始，就養成一定會給予對方超乎他們所付出的價值。以工作為例，就算是不合理的委託，我也會絞盡腦汁全心投入，完成超出對方預期的工作。網站製作以及企業顧問也無一例外。

最近在我所主持的沙龍中，邀請來賓對談的機會也增加了。因為是來賓特地親自前往沙龍，為了不讓來賓有吃虧的心情，我經常不忘注意務必讓來賓多少得到等值的回報。

我發行的電子報也是如此。這是月付864日圓，每週發行的電子報，內容豐富超乎864日圓的價值。比方說，每回我在電子報會介紹幾種商業模式，我打算介紹的全都是一年內從數百萬日圓成長到數千萬日圓程度的商業點子。

商業的基礎，在提供對方超乎收取金錢的價值。這個基本道理在工作以外的地方也不變。

想想看，我常常想要見面的人們，全都是慷慨大方的人。每次見面時，都會給我點什麼。只要去見慷慨大方的人，就會油然而生「我也要付出」的心情。這些人給我的，有資訊，也有那個人的獨到見解。看著不會故弄玄虛，而是爽快地告訴我極有價值的資訊的模樣，讓我打從心底覺得「真厲害！」，心生敬意。

反倒是我對那些只圖別人身上的東西，卻什麼都吝於付出的人們敬而遠之。我從以前就有很多被委託的工作，但是只會哭著要我「希望您想點辦法」的人實在是讓我厭惡至極。我自己雖然並不是想要從別人身上得到什麼，但是單方面老被依賴的情況還真讓我心裡不舒服。

當你有困難的時候，依靠別人並不可恥。然而，「希望你幫幫我」而死纏爛打是不對的。可以取代依靠的，應該有多到數不清可以為對方效勞的事。說不定是告訴對方他可能感興趣的資訊，也許是幫忙雜務，也有可能是單純說說笑話讓對方覺得有趣。

你要想想做什麼能讓對方開心，然後量力而為。對象不局限你眼前的人，有可能是商業夥伴，也有可能是網路上認識的人吧？

你愈是為對方盡心盡力，就愈會回報到自己身上。話雖如此，期待他人的回報卻因得不到而發怒，倒是一件奇怪的事。

自古到今廣為流傳的「好心會有好報」，並非華而不實的話，是千真萬確的。

▼價值指標在活躍使用者人數

我認為今後大家應該要注意的指標之一，就是「活躍使用者人數」。

在網路服務的世界裡，頻繁出現活躍使用者這個關鍵字，指的並不是只有註冊服務的使用者，而是指日常生活利用服務的使用者。

打從我創業以來，陷入營運虧損的網路服務初創企業，被大企業以幾千億日圓的價格收購，在近年來並不罕見。或許大家覺得匪夷所思，在這種情況下，能贏得高度評價的理由是活躍使用者數。

活躍使用者數多，就表示它的服務對使用者而言已不可欠缺。這代表提供服務的企業與使用者之間產生了密不可分的關係。

在過去，即使活躍使用者數多，若是無法好好提升營收增加獲利，就會被認為沒有意義。但是，現在的狀況不同以往了。只要你擁有眾多的活躍使用者數，要將其貨幣化就不會那麼困難。刊登廣告賺取收入，或是提供願意付費的使用者優質服務，可行策略不計其數。

更何況，「活躍使用者人數」也將變成個人的重要指標。

舉例來說，Twitter的追蹤人數，代表有多少人正在關注你。在網路尚未如此普遍以前，如果是知名人士，活躍使用者人數大概可以從參加電視演出的頻率或著作的銷路等得知，但是現在無名人士的影響力也能被視覺化了。就算在媒體上默默無聞，有廣大追蹤人數的人，就有強大的言論影響力。而且這個影響力，並未限定於網路世界裡。

我與社會評論家岡田斗司夫先生對談過，只要在Twitter擁有100萬追蹤人數，就可以創造出社會運動的機會。約1億日圓規模的事業，可以輕而易舉地運作起來吧。

不過，反之則難。1億日圓或許可以買到100萬個人頭帳號，但是卻無法增加對你感興趣的活躍使用者。比起實體金錢，網路上的活躍使用者人數擁有更強大的力量。

▼只要有幹勁，你也能成爲政治家

只要你想做，凡事都辦得到，什麼身分都能當。成為一名政治家，在今日並非海底撈針。

一個具代表性的例子，是2014年東京都知事[1]選舉。身為企業家的家入一真先生是參與競選的候選人，提出「我想打造有棲身之處的城市」的承諾。家入先生雖然有才幹，卻也有不可靠的一面。但是，也因為周遭有一群人一起支持著他，最重要的是他具備了想到就立刻去做的能力。

雖然他是一名企業家卻身無分文，因此包含我在內的支援者借他資金，使他得以支付選舉保證金。利用群眾募資募集選舉資金，也組成後援隊，掀起了一股社會運動。

最後他在16人當中排名第五遺憾落選，但是9萬票的得票數卻留下了不容小覷的印象。

當然，這也因為包含我在內具有知名度的人們支持他。但是他自己本身既沒錢又沒有選舉的Know how。他的社會知名度也不高，憑的只是幹勁罷了。就是那股幹勁吸引身邊的人參與其中，形成社會運動。

只要有心，就算是一無所有也能成為政治家。如同上述例子告訴大家的，

1　日本都、道、府、縣的首長。

我期望日後挑戰政治的人會增加。

▼我們反倒應該歡迎AI

最近人工智慧（AI）蔚為話題，也出現了人類的工作是否將被機器取代的悲觀論點。

的確，至今已有許多工作被機器取代了。汽車的登場，使信使快遞轎夫消聲匿跡，連馬夫的工作都沒了。

但是取而代之的，是製造汽車產業的出現、司機的行業、宅配服務、租車等服務也因而誕生。所謂的工作，是會自己順應自然出現的。

稍微環顧四周一下，你應該會察覺到20年前不曾有的工作多得不勝枚舉吧？就像部落客或YouTuber由個人經營的媒體一樣已成為可能。

與其說機器奪走人類的工作，倒不如說它們只是來替代我們做麻煩的工作而已。昔日需要大量人手的務農作業，現在幾乎都被機器所取代。家事的負擔也因為機械化的關係大幅減少。現在已經沒有必要專程去水井汲水，生火煮飯。只要按下電鍋開關，無論是誰都會煮飯，可以外食的餐廳也比比皆是。全自動掃地機器人已相當普及。

今後這個趨勢將有更大的進展吧？因為機器人幫我們移轉勞力工作，人類得以在空檔時間做自己喜歡的事情。不是為了營業額或經濟成長心不甘情不願地努力工作，而是遊樂與工作之間的界線將會變得愈來愈模糊不清吧！

這並非很遙遠的事。正如我截至目前為止陳述的，只需改變思維，做想做的事快樂活下去的環境早已準備就緒了。

▼實現嶄新的工作方法與學習方法

世界變得愈來愈有意思。我們有沒有辦法加快速度，創造出能讓世界變得更有趣的運作機制呢？

我在Livedoor時代，為了做自己想做的和所想的事，支付員工薪水。不過建立組織、經營管理已經夠麻煩了，反覆曾經做過的事也令我覺得枯燥乏味。若是現在這個時代，是否有有別於設立公司的方法，去實現想做的事呢？

有志者群聚一堂，主動生出專案，往前邁進。

那就是會員制的收費交流沙龍「堀江貴文沙龍」。

堀江貴文沙龍當中有創業家、投資家、商務人士以及工程師等充滿幹勁的有志者參加，交換資訊與交流。沙龍內有數十個團體，以會員為主體進行活動。

如同前述，每週我會在電子報中介紹幾個商業點子，其中幾個會由沙龍團體把它當作真正的生意推廣。即使有興趣，但是還不到我自己將其事業化的小規模生意比比皆是。我向成員說明概要，成員自己一面思索合宜的方法，一面挑戰。

舉例來說，其中由團體著手進行的一個專案，是無人機競賽。

無人機被譽為「翱翔天空的智慧手機」。在輕巧的機身中，搭載了省電的高性能 CPU 與像模組這種高精度的感應器，以低廉價格供應。這種裝置搖身一變成為電話的就是智慧手機，翱翔天空的就是無人機，形狀像人類的就是機器人，僅有如此差異而已。我從以前就不斷地告訴大家，透過技術的進步所衍生出的裝置會如何改變社會，我認為其內容十分適合作為大學的課程。

我雖然關心無人機，但因為不想投注自己的勞力在這個領域，於是試著把

「如果做無人機競賽，會很有意思不是嗎？」丟給遊戲事業團體的成員。於是，有成員舉手表達想做的意願，專案才得以有所進展。短短2個月內，就在東京都內舉辦了「Japan Drone Championship（日本無人機錦標賽）」。舉手充滿幹勁的成員，得以體驗到用自己的雙手將無人機化作事業。

此外，我在沙龍當中推廣各式各樣的專案，新奇之處在於還舉辦了以「體驗堀江貴文的一天」為概念的訓練營。我曾在第4章說過把我的時間徹底優化，這個訓練營的目的就在讓大家能夠親身體驗。雖然為期只有兩天一夜的時間，但看過拍攝訓練營情景影片的人都誤以為「這是三天兩夜的訓練營嗎？」，內容相當充實。關於訓練營專案，我也只是告訴大家像程式設計講座或料理講座等實施起來好像會很有意思的內容，全數交給成員執行。

自己主動實際參與推廣專案。累積這樣的經驗，人就會成長，更能夠做大事。實際上，在沙龍嶄露頭角，吸引人們的人材也在增長。這種人才增加愈多，沙龍整體的執行力也將提升。

接觸最新技術與資訊，自行啟動執行研究開發與商業專案。這是以往大學與企業所肩負的機能。

老實說，日本大學的成本效益糟糕透頂。若是私立大學，在畢業以前花費數百萬日圓，得到的只有大學學歷。究竟有多少人懂得活用在大學習得的知識呢？如果是F級[1]的大學，連學歷都派不上用場。自己親身經歷形形色色的體驗，比付幾百萬日圓給大學更有意義。

到目前為止必須利用企業資源才能做的專案，也能由沙龍或個人來實現了。大學剛畢業進入社會就業，與其浪費時間一直忍耐到升遷至能做想做的事的立場為止，不如現在立刻開始做想做的事就好。

1 日本民間排名把大學分為SS級～F級，F級為最差。

不論怎樣，只要有心學習最先進的技術，就能立刻創業。這樣的選擇，比以往更為充實。

第 5 章的關鍵字

你所需具備的，是氣勢與幹勁

結尾

我再次重申，這個世界上最寶貴的資源是時間。只要能有效善用時間，無論自己想做的事是什麼都會成真。

反之，浪費時間是輕而易舉的事。在找藉口，或是聽別人的藉口的過程當中，寶貴的時間稍縱即逝，這段時間明明可以挑戰很多事情的。

雖然我不是矢沢永吉[1]，但到頭來說世界上只分為「做的傢伙」與「不做的傢伙」。

即便明白這個道理，介意周圍旁人的眼光而動不了的人未免也太多了。

自己的人生，為何非得由他人來決定呢？

還是說，你想被他人決定呢？

我的所作所為，相當簡單，並未做什麼特別的事。唯有累積努力。
但是如果你身體力行本書所寫的事，我想應該一定會起什麼變化才是。

雖然有人要先認同才肯做，但是世界是以飛快的速度不斷往前邁進，就連「要先認同後再說」的時間都太浪費了。

一言以蔽之，「找藉口的渾蛋給我滾開」。

1　日本傳奇搖滾樂手，說過許多膾炙人口的名言，其中包括「無論什麼年代，會做的傢伙就是會做，不做的傢伙就是不會做」。

還有，基本上我認為「世界上沒有絕對的壞人」。
雖然有讓人生氣和不開心的人，但也就如此罷了。與自己的人生毫不相干。
所以不要介意，只要做自己所想的事就行了。

2015年11月 堀江貴文

参考文獻

小島慶子著 (2015) 《わたしの神様》幻冬社

岸見一郎、古賀史健共著 (2013) 《嫌われる勇気》Diamond 社

瀨戸內寂聽、堀江貴文共著 (2014) 《死ぬってどういうことですか?》角川 foresta

堀江貴文著 (2013) 《ゼロ》Diamond 社

堀江貴文著 (2015) 《逆転の仕事論》雙葉社

堀江貴文著 (2013) 《ネットがつながらなかったので仕方なく本を 1000 冊読んで考えた》KADOKAWA

堀江貴文、岡田斗司夫 FREEex 共著 (2014) 《ホリエモンとオタキングが、カネに執着するおまえの生き方を変えてやる!》德間書店

堀江貴文著 (2015) 《我が闘争》幻冬社

堀江貴文、夏野剛、西村博之、藤沢數希、船曳建夫共著 (2013) 《金持ちになる方法はあるけれど、金持ちになって君はどうするの?》德間書店

堀江貴文著 (2010) 《君がオヤジになる前に》德間書店

堀江貴文著 (2010) 《徹底抗戦》集英社

堀江貴文著 (2004) 《稼ぐが勝ち》光文社

堀江貴文著 (2004) 《100 億稼ぐ超メール術》東洋經濟新報社

堀江貴文著 (2013) 《100 億稼ぐ仕事術》SB Creative

電通 (2015) 《2014 年 日本の広告費》

Memo

Memo

Memo

Memo

Memo

Memo

the ONE 67

真心話暢活人生
一秒都不後悔的超強生存法則

眞心話暢活人生：一秒都不後悔的超強生存法則 / 堀江貴文著；
王韶瑜譯. -- 初版. -- 臺北市：八方出版, 2020.09
面； 公分. -- (the ONE；67)
ISBN 978-986-381-221-0(平裝)

1.修身 2.生活指導

192.1 109013309

2020年9月23日 初版第1刷 定價340元

著者／堀江貴文
譯者／王韶瑜
總編輯／賴巧凌
編輯／陳亭安
封面設計／王舒玗
發行所／八方出版股份有限公司
發行人／林建仲
地址／台北市中山區長安東路二段171號3樓3室
電話／(02)2777-3682
傳眞／(02)2777-3672
總經銷／聯合發行股份有限公司
地址／新北市新店區寶橋路235巷6弄6號2樓
電話／(02)2917-8022・(02)2917-8042
製版廠／造極彩色印刷製版股份有限公司
地址／新北市中和區中山路二段380巷7號1樓
電話／(02)2240-0333・(02)2248-3904
印刷廠／皇甫彩藝印刷股份有限公司
地址／新北市中和區中正路988巷10號
電話／(02) 3234-5871
郵撥帳戶／八方出版股份有限公司
郵撥帳號／19809050